Lettre ouverte
à la génération Mitterrand
qui marche à côté de ses pompes

DU MÊME AUTEUR
Aux Éditions Albin Michel

Les Socialistes
1977

Dans les coulisses du pouvoir
1986

La République des fonctionnaires
1988

Chez d'autres éditeurs

Le Gauchisme
Éd. Filipacchi, 1972

Les Nouveaux Communistes
(en collaboration) Stock, 1973 et 1977

La Vie quotidienne à Matignon
au temps de l'union de la gauche
Hachette, 1985 (prix Gutenberg); Folio-Gallimard, 1986

Collaboration à des ouvrages collectifs

D'une France à l'autre
Gallimard, 1974

Les Années 60
Éd. Métailié, 1980

THIERRY PFISTER

Lettre ouverte
à la génération Mitterrand
qui marche à côté
de ses pompes

Albin Michel

Collection « Lettre ouverte »

© Éditions Albin Michel, S.A., 1988
22, rue Huyghens, 75014 Paris

ISBN 2-226-03507-9

A Miguel O.

« L'homme public ne monte jamais si haut que lorsqu'il ne sait pas où il va. »

CARDINAL DE RETZ

Lorsque « Tonton » devint « Dieu », apparut simultanément la « génération Mitterrand ». L'Immaculée Conception avait encore frappé. A en croire du moins les affiches de Jacques Séguéla, le publicitaire que François Mitterrand vend tous les sept ans à la France. En fait de génération, il ne s'agissait que d'un vagissement. Ce n'est pas la première fois que les berceaux sont ainsi utilisés de manière partisane. Philippe Pétain déjà... Comme si le ramollissement de l'âge prédisposait à la fixation sur les couches-culottes. Avec le petit élastique là. Malheureux bébés-sandwiches, ils ne sont pas au bout du rouleau, comme dirait leur collègue de chez Lotus.

J'ai pourtant peine à croire que Mitterrand puisse s'identifier à une génération dépourvue de bulletins de vote. Il n'a plus de temps à perdre en papouilles gratuites.

Depuis que le socialisme a découvert l'esprit d'entreprise, le mot d'ordre est à la rentabilité. Pour récupérer coûte que coûte des majorités qui tendent à se dérober, plus question de faire dans l'idéologie, mais pas davantage dans la nuance ou les sentiments. Tous les moyens sont bons. Ou presque. Certes, les Mitterrandolâtres n'en sont heureusement pas au stade de leurs voisins communistes qui basculent de la simple faillite dans la banqueroute, avec abus d'urnes et faux en écritures publiques. Ils en sont toutefois, déjà, à confondre leur gauche et leur droite et à baptiser à l'eau de rose tous ceux qui acceptent de venir tailler une bavette à l'Élysée le mercredi matin. Au nom d'un principe simple : ce qui rapporte des voix est bon pour Mitterrand, donc pour la France. Et comme Mitterrand est socialiste, tout ce qui est sanctifié par lui devient socialiste.

Mystérieuse alchimie de la foi. Sordide conséquence du culte de la personnalité. Comme est mystérieuse et sordide cette fantomatique « génération Mitterrand ». Et pourtant, si Mitterrand ne s'identifie pas aux berceaux séguéliens, il n'en demeure pas moins que des Français s'identifient à Mitterrand. Forment-ils une génération? Dans la mesure où elle exprime sa croyance dans le « Dieu » du « Bébête show », cette

génération ne peut emprunter qu'à la tri-
nité. Et, de fait, elle est une en trois âges
coexistants sinon consubstantiels et coéter-
nels.

En arriver à traiter de la vie politique
en termes de génération et d'attachement
à un homme traduit l'ampleur de la
régression intellectuelle contemporaine.
Avec de pareilles références, comment la
gauche pourrait-elle prétendre mobiliser les
citoyens sur un projet collectif? A vrai dire
— mais peut-on encore oser « parler vrai »,
Michel Rocard *regnante* —, la notion de
génération, en politique, s'apprécie moins
en fonction des âges que des événements
nationaux qui ont déterminé l'engagement
public de l'individu. Sous prétexte qu'ils
ont été mêlés, y compris contre leur gré, à
tel épisode douloureux de la vie collective,
certains se croient autorisés, par la suite, à
en tirer de substantiels et permanents divi-
dendes dans les carrières publiques. La
vie politique subit les manies et les tropismes de générations successives d'anciens
combattants de tout poil, comme les enfants
finissent par s'incliner devant les certitudes
parentales. Il a, par exemple, fallu longtemps supporter le farouche conservatisme
cocardier des rescapés de la « grande
guerre », la grandeur de cette ignoble bou-
cherie ne reposant que sur les affirma-

tions intéressées de ceux qui avaient été contraints d'y participer et avaient eu la chance d'en revenir.

Depuis plus de quarante ans, résignés, nous trimbalons les glorieux résistants, sans pouvoir distinguer entre les maquisards d'opérette et les héros authentiques. Comme dirait Françoise Giroud, ce ne sont pas les médailles qui permettent de s'y retrouver. L'espèce s'éteint certes. Avec la disparition de De Gaulle, son influence idéologique avait déjà sérieusement diminué. Il était devenu possible de parler de la période d'occupation avec chagrin et pitié. François Mitterrand demeure une survivance très présente. Fidèle à ses racines, le septuagénaire fils de Jarnac ne pouvait que personnellement illustrer cette première composante de la génération Mitterrand : celle des charentaises.

Derrière la cohorte mitée des demi-solde de la gloire anglo-américaine, qui, faute de pouvoir se targuer d'avoir sauvé la France, se borne à prétendre avoir lavé son honneur — merci Ariel —, se bouscule la seconde catégorie : celle des mocassins. Leur guerre s'est déroulée à propos de l'Algérie. Et pour certains sur place. Car n'oublions pas que nombre de ces valeureux partisans de la décolonisation surent aussi mener, dans le triste anonymat d'inhumaines administrations, de farouches combats afin de décrocher leur sursis d'incorporation. La puissance du syndicalisme étudiant s'est constituée, à la fin des années 50, sur un courageux discours anti-impérialiste, mais aussi comme réaction collective de trouille face à une éventuelle affectation en Algérie. Le ressourcement collectif de cette génération s'est opéré en mai 68 entre l'Odéon et la Sorbonne. Elle s'est ainsi agrégé les anciens combattants des barricades de la rue Gay-Lussac, conscients que leur épopée militaire était un peu courte pour être érigée en génération autonome. Cette fusion en une même classe d'âge politique des anciens d'Algérie et de mai 68 est parfaitement illustrée par Michel Rocard. Ce qui permet au Premier ministre que « l'ouverture » a donné à la France, de continuer à passer, alors qu'il frise la soixantaine, sinon pour un boy-scout, du moins pour un fringant quadragénaire.

Enfin, troisième composante dans le temps de la « génération Mitterrand » mais la plus exploitée médiatiquement aujourd'hui, viennent les baskets. Et je n'ai pas l'intention de les leur lâcher dans la mesure où ils sont les seuls vraiment intéressants car encore authentiques. Du moins je l'espère. Il leur appartiendra de montrer s'ils sont disponibles pour « changer la vie » ou si, comme leurs aînés, ils n'aspirent qu'à se glisser dans le moule de l'auto-reconnaissance des « élites ». Pour l'instant, leur fonds commun « historique » ne dépasse guère l'anecdote. Leurs campagnes militaires se comptent en concerts de SOS-racisme et leurs faits d'armes se limitent aux exceptionnels monômes de la fin 1986. Avouons-le, c'est plutôt maigre. Ils existent davantage à travers le discours des autres que par eux-mêmes.

Raymond Aron reprochait naguère à Valéry Giscard d'Estaing de ne pas posséder le sens du tragique de l'Histoire. Notre « ex- » mal-aimé préfigurait sur ce point les baskets. Fait unique depuis des siècles, cette classe d'âge n'a connu ni la guerre ni même sa hantise. En tenant compte du chômage et des difficultés économiques des dernières décennies, elle n'a qu'un rapport lointain et fortement intellectualisé à la misère. Grâce à cet État-providence qu'il est de bon ton de traîner aux gémonies. Pour la première fois dans l'histoire de l'Humanité, elle est maîtresse de sa procréation sans que l'on puisse deviner l'usage qu'elle fera de cette liberté et les conséquences qui en résulteront. Elle redécouvre avec le SIDA que sexe, vie et mort n'ont jamais pu être dissociés au long de la marche de l'Homme.

La gestion de la cité, la politique donc, devrait se centrer sur ces réalités. Les enjeux sont tels qu'il ne paraît pas excessif de souhaiter que l'authenticité du débat et de la réflexion l'emporte sur les positionnements médiatiques et les tactiques de pouvoir. Le marxisme mal digéré qui imprégnait encore nos confrontations au long de la précédente décennie s'est heureusement dissipé. Intellectuels et politiques ont enfin fini de se chapitrer mutuellement sur la base des références d'un mouvement ouvrier dont l'organisation a toujours été, chez nous, défaillante. Peut-être parce que confisquée par d'autres : les salariés du secteur public en général et les enseignants en particulier. Le champ de la réflexion s'étant élargi, il ne faudrait pas le refermer aussitôt. Sous prétexte du triomphe de l'individualisme, l'atonie contemporaine est magnifiée alors qu'elle témoigne de notre impuissance à définir un avenir collectif. Avec le cadavre du marxisme c'est toute la dimension sociale qui menace de passer à la trappe. Encore mal remis de l'effondrement de leurs fantasmes d'adolescents prolongés, les muscadins de la gauche caviar prétendent nous interdire d'imaginer un futur. Après s'être enferrés dans leur rôle d'héritiers de la révolution de 1917, ils ne supportent plus de la Russie que les œufs d'esturgeon salés.

Ils font en revanche la fine bouche devant le caviar de Khomeyni. Pas vraiment par conviction idéologique. Après tout ne furent-ils pas les premiers à exalter sa capacité rédemptrice au temps de la dictature du shah? Ils ne se détournent du produit iranien que par crainte, en raison de l'ampleur de la contrebande, de se faire refiler des boîtes avariées.

* * *

Charentaises, mocassins et baskets, ces trois générations peuvent symboliser, mais ne recoupent qu'imparfaitement, les trois France révélées par les urnes lors des successifs scrutins présidentiel et législatif de mai et juin 1988. Trois France sensiblement équivalentes en poids : autour de 30 % des suffrages. Trois France qui correspondent d'une part à une droite de gouvernement exprimée par le bloc UDF-RPR, d'autre part à une gauche de gouvernement limitée au PS et à ses appendices, enfin à un nombre sans cesse croissant de censeurs du fonctionnement institutionnel de notre République. Qu'elle vote pour des extrêmes ou qu'elle s'abstienne, cette dernière catégorie de Français exprime son mécontentement face aux réalités de notre vie politique et gouvernementale.

Aussitôt les résultats acquis, chacun s'empresse d'oublier ces empêcheurs d'alterner en rond pour revenir aux fades mollesses d'un consensus sans contenu. La période dite de cohabitation avait pourtant déjà montré la vanité de tels discours. Non, les Français n'étaient pas unanimement enlisés dans les ornières gestionnaires, attendant patiemment leur salut d'administrateurs éclairés qui, du « tout-nucléaire » au « tout-télématique », imposent leurs choix. Les ministres, de gauche comme de droite, se bornent à mener successivement des campagnes personnelles de promotion en exploitant les résultats d'options « techniques » qu'ils ne cherchent pas à maîtriser. La technocratie qui nous gouverne à l'ombre d'un monarque vieillissant, absorbé par la contemplation de son moi, apparente davantage la réalité française au crépuscule d'un franquisme manipulé par l'Opus Dei qu'à l'aube d'une démocratie revivifiée. Le citoyen, pour peu qu'il ne se satisfasse pas d'une simple adhésion sentimentale à telle ou telle famille de pensée, ne se voit plus proposer de référence intellectuelle cohérente. Il ne peut donc que s'opposer globalement à la dérive du système. Foyers de tensions, sources de mécontentement, frustrations et peurs ne cessent de gagner du terrain. Sur ce malaise social s'est greffé un dérèglement institutionnel. Même la rose au poing, l'avenir a cessé d'être rose.

Dès lors, comme souvent en France quand la crise pointe et que la fuite en avant des droites paraît menacer les structures républicaines, la gauche est appelée à la rescousse. Non pour mettre en œuvre le projet dont elle se dit porteuse, mais pour colmater les brèches et tenter de maintenir à flot le vieux rafiot poussif. Parfois les voies d'eau sont sérieuses; en d'autres temps elles peuvent n'être qu'un prétexte camouflant un ralliement opportuniste. A l'arrivée le résultat est toujours identique : une gauche contrepoids oui, mais une gauche qui se voit interdire simultanément d'user du pouvoir pour modifier les équilibres sociaux. Ce fut vrai en 1936 avec le succès du Front populaire dans une France cernée par les régimes fascistes et menacée de l'intérieur par les ligues d'extrême droite. Ce fut vrai au lendemain de la guerre avec le refus du projet de Constitution élaboré par les communistes et les socialistes qui les a contraints à rétablir les institutions de la IIIe République détruites par le régime de Vichy. Ce fut vrai en 1956 avec la lassitude provoquée par d'anachroniques guerres coloniales. C'est vrai en 1988.

Le rafistolage que la gauche vient périodiquement effectuer au sommet de l'État ne peut jamais convaincre. D'abord parce qu'il ne s'agit, par nature, que de réparations grossières réalisées sous l'empire de la nécessité, sans perspective d'ensemble. Ensuite, parce qu'en agissant ainsi les dirigeants de la gauche abandonnent leurs références propres et perdent la légitimité dont ils bénéficient auprès d'une fraction de l'opinion. Vient nécessairement le jour de solder les comptes. La gauche n'a plus pour elle que la bonne volonté dont elle a fait montre pour pallier la défaillance des autres. Ils n'ont, eux, aucune raison de lui en savoir gré. Ses électeurs, en revanche, ont de bons motifs pour lui en faire grief.

Comment expliquer le retour vers ces impasses dans une période où les périls semblent relatifs ? Bercée par les complaintes de tous ses gouvernants successifs, la France ne se soumet-elle pas de bonne grâce aux règles de la zone deutsche-mark où elle fait désormais fièrement figure de première sous-traitante ? Même en matière d'ouverture à l'Est et de négociations politiques avec Moscou, ou de commerce avec la Chine, terrains sur lesquels les initiatives du général de Gaulle avaient donné à la France une bonne longueur d'avance, nous voici à la traîne. Paris passe à présent après Bonn et Londres. Il ne suffit pas de prétendre parler au monde pour qu'il écoute. Il ne suffit pas d'endosser quelques vagues principes de la diplomatie planétaire gaulliste pour maintenir son rang. La France n'innove plus, elle se borne à suivre le mouvement. Cahin-caha. Elle continue de perdre lentement des parts de marché en affectant de croire que l'incomparable talent de ses ingénieurs demeure mal servi par des commerciaux en butte au mauvais vouloir d'étrangers jaloux. Ancrée dans ce fatalisme, elle attend, pensive et passive, l'aboutissement d'une intégration européenne aux allures de comptes d'exploitation.

Pour conduire cette politique du chien crevé au fil de l'eau une étrange alchimie opère. Une coalition inattendue s'est constituée. Nous assistons à l'alliance bâtarde des gauchistes reconvertis et des républicains sans illusion, de Michel Rocard et de François Mitterrand, d'Alain Geismar et de Maurice Faure. Un rapprochement qui, au nom du culte de la modernité, prend soin de contourner l'ensemble du mouvement ouvrier organisé, et notamment le vieux fonds social-démocrate français. Nos ardents révolutionnaires d'il y a vingt ans aspirent à présent à bénéficier des installations du Racing pour faire bronzer le ventre qu'ils tentent de maîtriser. Leur mirage prolétarien dissipé, ils découvrent, éblouis, que la hiérarchie sociale à laquelle ils avaient délibérément tourné le dos se montre magnanime et reste disposée à les accueillir. Ils se précipitent, oubliant au passage ce « peuple de gauche » qu'ils avaient prétendu exprimer mais que, perdus dans leurs rêves, ils n'ont jamais su rencontrer. Réveillés, ils ont pour objectif de rattraper le temps perdu. Ils ne supportent plus de jouer les utilités dans l'enseignement supérieur. Ils doivent réintégrer les lieu et place qui leur étaient assignés dès l'origine.

Les vieux républicains revenus de tout sont disposés à aider au recyclage de nos anciens gauchistes. Ils sont d'humeur affable et comme apaisée. Les voici enfin réinstallés au sommet de l'État après en avoir été si longtemps privés qu'ils avaient craint les privilèges de leur jeunesse à jamais envolés. Ayant construit toute leur carrière sur l'habile manipulation des ambitions et des passions individuelles, ils ne craignent pas leurs protégés. Plus rien ne peut les surprendre. Ils pratiquent l'art de canaliser et de gérer les appétits d'honneur et la soif de reconnaissance. Ils en jouent avec une science consommée. En revanche, toute organisation militante, tout mouvement collectif suscite leur méfiance. Ces univers leur sont étrangers. Ils sont donc source de périls. Nos vétérans des Républiques passées et présente, comme leurs descendants, sont hommes de pouvoir, non de démocratie. Les orphelins du gauchisme appartiennent bien à leur univers. Il reste aux citoyens à espérer que les hybrides issus de ce croisement demeureront, en bonnes mules, stériles.

LES BASKETS

Vous voici devenus les « malgré-nous » du mitterrandisme. Je sais que les affiches proclamant ce concept relevaient plutôt des anti-fuites que de vos anti-sèches mais, jusqu'à plus ample informé, puisqu'on ne vote encore qu'à partir de 18 ans, vous étiez les proies visées. Bien sûr, je ne prends pas pour argent comptant la « tontonmania » dont vous avez été médiatiquement affublés. Je sais qu'à travers le *Globe* vous avez été enrôlés de force. Pourtant, vous me paraissez assumer avec une passivité ou complaisante ou coupable cette mobilisation. Pourquoi ne pas avouer que, sur ce point, vous m'inquiétez?

Au lendemain de vos manifestations de décembre 1986, vous aviez déjà été qualifiés de « génération morale ». D'anciens jeunes ont prétendu, sinon vous représenter, du moins vous théoriser. Excusez-les, c'est leur péché mignon. Ils ont commencé à s'adonner à cette forme d'onanisme intellectuel lorsqu'ils passaient leurs nuits dans les cellules du PCF ou de tel ou tel groupuscule trotskiste. Recyclés dans les médias branchés, ils continuent. Vous vous êtes laissé célébrer en ronronnant, croyant qu'ils parlaient de vous alors qu'ils ne se préoccupaient, comme toujours, que d'eux-mêmes. Sous le fallacieux prétexte qu'ils adoptèrent, il y a déjà vingt ans, un discours contestataire, ils entendent aujourd'hui s'attribuer le monopole de la représentation de la société civile. Ils n'ont pas plus lu Gramsci qu'ils ne connaissaient hier Marx ou Mao. Qu'importe. Leurs interlocuteurs n'en savent pas plus qu'eux. Et d'ailleurs ils ont tous raison puisqu'il existe autant de « sociétés civiles » que de grilles de lecture : la libérale d'Adam Smith et la marxiste, l'hégélienne et celle des acteurs sociaux d'Alain Touraine.

L'un des charmes du débat politico-médiatique réside dans ce flou de vocabulaire. Chaque terme utilisé devrait, si l'on souhaite vraiment se faire comprendre, être accompagné de sa définition. Rien n'assure en effet qu'elle correspondra à celle de l'interlocuteur. L'objectif est-il seulement d'échanger, de communiquer? Ne consisterait-il pas surtout à s'affirmer et à paraître?

Dans ces conditions, mieux vaut laisser les mots vivre leur existence autonome. Il sera plus facile de s'adapter, le moment venu, à chaque réalité nouvelle. Centrisme offre un bel exemple de ces ambiguïtés. Faute de savoir de quoi il s'agit, on pourra encore longtemps publier la petite annonce à la mode : «Socialiste recherche centriste désespérément.» Ce n'est qu'une réponse du berger à la bergère. Après tout, il n'y a jamais que trente-cinq ans que les démocrates-chrétiens veulent gouverner la France avec les socialistes sans y parvenir. Un rendez-vous perpétuellement manqué pour cause de centrisme. Car le centrisme n'existe pas. C'est un état d'esprit, non une conviction, une localisation, non une famille politique. Dans l'espace baptisé «centre» cohabitent radicaux et libéraux, démocrates-chrétiens et gaullistes en rupture de RPR. Certains de ces itinéraires individuels peuvent déboucher sur des ralliements personnels à la gauche au terme de traitements particuliers. François Mitterrand est aussi habile dans cette thérapie que Charles Pasqua pour convertir un cadre Front national en notable néo-RPR présentable.

Restent les deux courants politiques marginaux qui tentent de survivre sous l'étiquette centriste : le radicalisme et la démocratie chrétienne. Pour les radicaux, la situation est claire. Du moins autant que cette nébuleuse peut le permettre. Au-delà du brouillard des discours et des réseaux maçonniques, la seule logique qui résiste est électorale. Certains radicaux, dans les Charentes et le Sud-Ouest, se font élire par les socialistes; d'autres, à Paris et en Lorraine, par le RPR. Leur « fidélité » est acquise à ceux qui paient leurs factures. Prisonniers de leur camp, ils ne peuvent que s'interpeller d'une rive à l'autre sans qu'aucun d'entre eux ait le courage de se jeter à l'eau pour nager seul. L'alternance gouvernementale leur permet d'aller jouer, à tour de rôle, les utilités dans des palais ministériels de seconde zone.

La situation des démocrates-chrétiens pour n'être pas aussi caricaturale n'est pas si différente. Leur influence électorale est devenue résiduelle : de l'ordre de 8 % des suffrages, c'est-à-dire inférieure au poids du PCF ou du Front national. Autant dire que Pierre Méhaignerie et les siens peuvent rouler des mécaniques, ils ne constitueront jamais qu'une force d'appoint et non l'axe d'une coalition politique. Encore faut-il choisir ses alliés. Pour leur plus grand malheur, les batraciens de bénitier, troublés par les coassements de l'élyséenne grenouille, ont longtemps placé à leur tête, en la personne de Jean Lecanuet, un Normand.

De « pt'ête ben qu'oui » en « pt'ête ben
qu'non », ils se reproduisent dans un mari-
got en jetant un œil concupiscent vers
l'autre. Une majorité des cadres de la
démocratie chrétienne a plutôt penché à
gauche, des décennies durant, alors que son
électorat n'a cessé de voter à droite. Il a
même constitué le réservoir naturel dans
lequel les gaullistes ont puisé pour confor-
ter leurs majorités. Ce qui reste d'électeurs
démocrates-chrétiens est aujourd'hui loca-
lisé hors des secteurs fortement urbanisés
où François Mitterrand assure ses victoires.
Ni dans la Haute-Loire, ni en Ille-et-Vilaine,
les soutiens du CDS n'acceptent de mêler
leurs voix à celles des « rouges ». Jacques
Barrot et Pierre Méhaignerie sont tout
autant prisonniers de leurs électeurs que
les radicaux de leurs créanciers.

Évidemment, raconté ainsi ce n'est pas
drôle. De tels constats finiraient par interdire les querelles théologiques qui constituent l'essentiel de notre débat public. Au
lieu d'être pour ou contre les nationalisations, pour ou contre les ouvertures sans
principe ou les fermetures sans objet, pour
ou contre l'alliance de la droite et du Front
national, pour ou contre Tapie à Marseille
ou Fabius à la tête du PS, pour ou contre
la première, la seconde ou la troisième
gauche, il conviendrait de s'intéresser aux

conséquences et aux résultats de l'action. C'est moins amusant que de s'empoigner sur le « comment » et « avec qui ». Ne serait-ce qu'en raison de l'inévitable étude de quelques données concrètes. Aussi les notions fumeuses continuent-elles d'être brandies hardiment. Droite intransigeante et gauche inaltérable rivalisent avec les adeptes du retour sinon de Zorro du moins du Front républicain et les contempteurs des idéologies dépassées.

La controverse politique ne s'épanouit vraiment qu'en se réfugiant dans le débat d'école. Et si... Chacun peut alors prendre son pied en développant ses hypothèses. Pendant vingt-quatre ans – près d'un quart de siècle! –, l'un des incontournables sujets a été : que faire si les majorités présidentielle et parlementaire ne coïncident plus? La cohabitation a délayé les tonnes d'encre utilisées à ce propos depuis 1962. Aujourd'hui chacun se rode en babillant sur l'ouverture avant de lancer la logorrhée sur la future élection présidentielle. Dans sept ans. Où a-t-on vu que des choix industriels beaucoup plus fondamentaux, des options d'équipements, des investissements étatiques majeurs suscitent autant d'intérêt et de passion? Le flou dans le vocabulaire est nécessaire à la superficialité du débat public et permet au bluff de l'emporter. La politique est devenue la principale rivale du poker-menteur.

Essayez donc de vous y retrouver! Le meilleur de nos joueurs trébuche. Car personne n'osera contester à François Mitterrand le titre de champion dans notre sport national. Eh bien, même lui perd pied entre les annonces truquées et les cartes biseautées. Il ne parvient plus à contrôler la désignation du premier secrétaire du parti socialiste. Un affront qu'il n'oubliera pas. Son auteur Lionel Jospin et son bénéficiaire Pierre Mauroy devront d'autant plus courber l'échine qu'ils ont beaucoup à se faire pardonner. Comment, dans ces conditions, Mitterrand parviendrait-il encore à manipuler la France? Pendant la campagne présidentielle il prétend ignorer le sort qu'il réservera à la majorité parlementaire de droite. Dès qu'il est élu, il dissout à la hussarde, sans juger utile de laisser le gouvernement prendre la température de l'hémicycle. Comme en 1981.

A l'époque, Michel Rocard était contre cette tactique. Elle avait produit une majorité socialiste absolue. Sept ans plus tard, Rocard a changé de position, sans que l'on sache très bien pourquoi. Il ne trouve plus dans les urnes la majorité que sa volte-face y cherchait. François Mitterrand prêche pour une France unie et la coexistence de familles diverses au sein du gouvernement, mais il ne laisse aucun répit aux forces de droite, leur imposant la sanction d'un nouveau scrutin dans les pires conditions et dans les délais les plus brefs permis par la Constitution. Au point que l'Assemblée nationale siège et prend ses premières décisions avant que les députés polynésiens n'aient eu le temps d'être élus. Ce qui n'empêche pas le gouvernement, la main sur le cœur, de jurer simultanément aux Mélanésiens, ces autres indigènes du Pacifique Sud, qu'ils sont des citoyens français à part entière! Les Algériens aussi avaient entendu la formule. Mitterrand crée les conditions devant permettre le déferlement d'une vague rose mais se hâte d'ajouter qu'il ne la souhaite pas. Et quand, à l'avant-veille du scrutin, cette marée paraît pouvoir lui faire défaut, il se précipite à la télévision pour l'appeler de ses vœux.

Dans cette pagaille générale, le chacun pour soi devient la règle. Les ministères se négocient individuellement, au coup par coup, dans les antichambres élyséennes. Qui n'a pas entendu un des principaux conseillers du Président demander, le front soucieux et l'œil en alerte : « Tu ne connaîtrais pas un médecin célèbre? », ne comprendra jamais totalement le sens du mot dérision. Périodiquement, son calepin à la main, le

Premier ministre vient respectueusement relever les compteurs chez « Monsieur le président de la République » pour savoir avec qui il devra cohabiter. Seulement, acheter une majorité coûte cher. Bien que de simples directions d'administrations centrales, comme l'enseignement technique, la formation professionnelle, les routes ou les relations culturelles internationales, se voient, sous l'empire des nécessités, soudainement élevées au rang de secrétariats d'État, l'inflation des effectifs ministériels a des limites. On ne peut pas offrir un portefeuille à chaque rallié potentiel. On aura au moins essayé.

Tout cela pour faire de l'académicien Alain Decaux un ministre de la Francophonie. C'est beaucoup. C'est trop. Trop d'honneur pour notre télévisuel historien. Non qu'il ne soit digne de siéger au gouvernement. Au contraire, mais avec lui voici que la société civile prend des accents hugoliens pour verser dans le lyrisme de gauche au lieu d'en rester aux bilans chiffrés façon ENA. Pour l'habillage « idéologique », c'est l'auberge espagnole. Jean-Luc Mélenchon, un sénateur qui dirige la fédération socialiste de l'Essonne, peut s'écrier : « L'ouverture doit se faire exclusivement vers la société civile, elle ne doit pas servir à la résurrection des cadavres politiques du prétendu centrisme. » Sans préciser qui est visé. Un modèle de communication politique : l'orateur est cité par la presse et chacun comprend ce qu'il désire. Car nul ne sait ce que peut bien être cette foutue société civile.

A première vue elle serait exprimée par ceux qui acceptent de rejoindre le bercail présidentiel alors que ceux qui s'en détournent ne peuvent être que d'horribles centristes réactionnaires. Je plaisante. Il s'agit là d'une vision manichéenne, insultante pour un concept aussi prometteur. Une autre appréciation peut être portée : appartiennent à la lumineuse société civile ceux qui n'ont pas de mandat électif et au fangeux monde politique ceux qui ont obtenu la confiance de leurs concitoyens. Ce qui exclurait donc la société civique de la société civile, donnant d'un seul coup tout son sens à l'immortelle affiche de Jacques Séguéla. Le second septennat de Mitterrand est celui du triomphe de la société civile donc des non-électeurs. Vive les couches-culottes! Je me gausse encore. Restons sérieux sur un tel sujet. Le clivage société civile-société politique (dire « classe politique » pour introduire la dérision), qui a constitué l'innovation de cette nouvelle aube rose, signifie que la militante Georgina Dufoix n'exprimerait pas des acteurs sociaux, lesquels se reconnaîtraient à l'inverse dans le diplomate homme de cabinet et d'antichambre Thierry de Beaucé. Ah bon. Mais que se passe-t-il lorsqu'un porte-parole de la société civile affronte le suffrage universel? Il devrait changer de catégorie. Pas vraiment, semble-t-il. En tout cas, une chose est claire : un candidat étiqueté « société civile » battu aux élections reste ministre, un « politique » dans une situation identique doit renoncer à son portefeuille. Sinon, le second gouvernement Rocard, constitué au lendemain des législatives, aurait perdu ses nouveaux et originaux compagnons de route. En bonne logique, dès le prochain scrutin, il ne devrait plus y avoir en France un seul postulant à la fonction parlementaire se réclamant du monde politique. Ils vont tous se transformer en chantres de la société civile!

Et si la société civile n'était qu'une survivance, l'ultime bagage sauvé par les anciens PSU des années 60 et par les gauchistes repentis des années 70 lors de leur ralliement à notre bonne vieille communauté pourrie? Ayant largué tout le reste afin de s'alléger dans leur course vers les sommets de l'État, ils ne possèdent plus que ce dernier avatar de la fameuse idéologie de la « deuxième gauche ». Celle qui a fait se pâmer, des années durant, tout ce qui pense à gauche... de Notre-Dame. Celle qui, élaborée dans les séminaires de la CFDT et répercutée dans le monde politico-médiatique par Michel Rocard depuis la prestigieuse tribune du PSU, fut récupérée par François Mitterrand, à sa manière opportuniste, pour devenir le slogan du PS : « Changer la vie. »

Rien n'est jamais innocent en politique. Surtout pas le choix des références. Votre agitation de 1986, camarades baskets, est devenue la justification inespérée de tous ces parangons de la société civile. Vos inquiétudes constituent leur argument d'auto-promotion. Parler de vous comme d'une « génération morale » devait permettre de rattraper les années perdues pour cause d'impasse gauchiste. Ils étaient les précurseurs de vos combats, donc les purs. Ils sont la société, donc le réel. Les tâcherons engagés dans la gestion quotidienne locale depuis des décennies, soumis aux aléas du suffrage universel, ne sont que des « politiques ». Ils sont englués dans les institutions, donc dans l'irréel. Dès lors, nos révolutionnaires sur le retour d'âge retrouvent, à leur égard, la même distance méprisante que celle dont ils faisaient preuve au temps de leurs prêches hautains. Vous qualifier de « génération morale » n'en était pas moins absurde. D'abord parce que, derrière ce baptême hâtif, les limites d'âge sont aussi imprécises que le contenu intellectuel. Ensuite, parce que la formule signifierait que les préoccupations morales disparaissent avec les prises de responsabilités sociales. La morale serait synonyme d'irresponsabilité. Si c'était vrai, ce serait désespérant. Vos thuriféraires, par leurs attitudes présentes, le donnent certes à penser. Si c'est vrai, c'est désespérant. Méfiez-vous de toute manière d'un compliment particulièrement ambigu car, dans la pratique des manipulations les plus opportunistes, effectuées la morale en bandoulière, la France a une longue et solide expérience.

* * *

Avant d'aller plus loin, marquons une pause qui ne sera pas de publicité. Le temps que j'enfile un gilet pare-balles.

Il n'est guère possible de traiter de la reconversion de notre extrême gauche sans dire un mot de la judaïcité de la plupart de ses dirigeants. La légende de mai 68 rapporte que, lors d'une des premières réunions de nos chefs agitateurs, l'un des participants fit une plaisanterie en yiddish. Tous les présents éclatèrent de rire. Comme aurait pu rire, en 1917, le bureau politique du parti bolchevik. Il y a quelques mois, un très officiel colloque organisé par une revue se réclamant de la communauté israélite s'interrogeait doctement sur le point de savoir si mai 68 n'avait pas été une « révolution juive ». Le pavé parisien n'aurait résonné il y a vingt ans, à les écouter, que de l'écho millénaire du messianisme hébraïque. L'un des principaux participants à cette journée de réflexion était Henri Weber, ancien patron de la Ligue communiste devenu membre du cabinet du président de l'Assemblée nationale, Laurent Fabius, et surtout théoricien de la NGS, la « nouvelle gauche socialiste » qui fleurit sur les pelouses de l'hôtel de Lassay. Dans *L'Express,* il explique son recentrage en ces termes : « Il y a moins de messianisme et une diminution du tragique. » Traduction libre : Fabius n'est pas le messie et il n'y a pas de quoi en faire un drame!

Je vais peser mes termes au trébuchet. En espérant ne pas tomber, c'est-à-dire permettre les récupérations intéressées ou les accusations outrancières. La réappropriation par nos ex-soixante-huitards de leur bagage culturel initial facilite la pose de passerelles vers la nouvelle terre promise qu'ils se sont assignée. Et toc! Cela dit, ils ne sont pas les seuls à jouer de solidarités communautaires. La vie sociale n'est guère faite d'autre chose. Ce qui n'exclut pas la sincérité. En réaction au conformisme que

la soif d'assimilation suscitait chez leurs
parents, ils s'étaient affirmés volontiers dans
la contestation. Ils en reviennent. Après
tout, à la suite de désillusions politiques,
retrouver le terreau qui a nourri un mili-
tantisme décevant constitue une forme de
retour sur soi, de ressourcement. Pour avoir
trahi, au cours d'une émission de télévision,
une ascendance parpaillote, ne me suis-je
pas trouvé amené à prendre périodiquement la plume dans l'hebdomadaire de
l'Église réformée de France?

A la lumière de l'holocauste, tout relief
disparaît. Rien n'est comparable. Il est
d'autant plus redoutable que, retranchés
derrière deux mille ans de malheurs, nos
révolutionnaires contrits se soient reconvertis en censeurs du respect des droits
de l'homme. Justes ils étaient, justes ils
demeurent. Qui oserait discuter leurs initiatives ou récuser leurs diktats? Dans cette
nouvelle mission, ils avouent leur retour au
giron social. Semblant ignorer l'humus
antisémite sur lequel se sont constituées nos
sociétés chrétiennes d'Occident, n'ont-ils
pas été au premier rang de la dernière des
grandes mystifications de la société française par elle-même?

Souvenez-vous du procès de Klaus Barbie. Le pays tout entier ruisselait de bonne
conscience. La morale se bradait à tous les

coins de rue. Chacun se tournait vers vous pour vous exalter à tirer les leçons de cette expérience. Le verdict est à présent rendu. Un officier allemand, nazi convaincu, mettant en œuvre sans état d'âme, dans le cadre des missions de la Gestapo, la solution finale, a été condamné. Plus de quarante ans après les faits, certes, mais ce n'en est pas moins justice. Face à cette nécessité éthique, la société française a, une fois de plus, avoué ses faiblesses, cultivé ses ambiguïtés et révélé ses trucages.

Le plus grave des manquements pour l'avenir aura sans doute été la décision de la Cour de cassation, en décembre 1985, d'élargir la définition du crime contre l'Humanité en permettant la confusion avec les crimes de guerre. Or il s'agit de deux notions bien distinctes. Le crime contre l'Humanité ne sanctionne pas des abus de la répression ou des cruautés inutiles mais punit un racisme fondant le génocide dont ne furent victimes que les Juifs et les Tziganes, à la limite les homosexuels, en aucun cas les résistants. La déportation de ces derniers obéissait à une autre logique.

Le second trucage est illustré par la manière dont a été traitée la défense de Klaus Barbie. La médiatisation de ses avocats a le plus souvent tendu à les présenter comme de dangereux agitateurs cherchant à déstabiliser notre société. Leurs arguments, avant même d'avoir été exprimés à l'audience, ont été catalogués « hors sujet ». Les références de la défense aux crimes commis en Algérie, au Viêt-nam, en passant par le Liban, sans oublier hier et avant-hier Madagascar ou la Sarre, s'engouffraient pourtant dans la préoccupante brèche ouverte par la Cour de cassation. La France s'est appliquée à juger un criminel allemand en prenant le plus grand soin de ne pas laisser s'ouvrir un débat franco-français sur la complexité des attitudes nationales durant l'occupation.

La troisième ambiguïté majeure découle du caractère de vérité officielle que l'on n'a cessé de vouloir imposer à l'accusation. Dénoncer l'horreur nazie ne justifie pas le dangereux matraquage d'approximations qui s'est déversé sur nous, sur vous notamment, à l'été 1987. Sur un tel terreau, les amalgames des révisionnistes du type Faurisson n'ont aucune peine à se développer, prenant prétexte d'une inexactitude, d'une outrance, pour nier la réalité du génocide, pour récuser l'irrécusable. Il n'est pas anormal qu'au sein des générations les plus jeunes, pour lesquelles la Seconde Guerre mondiale s'est déroulée vingt ans avant leur naissance, autant dire dans la même « préhistoire » que la guerre de Cent Ans, le caractère officiel, solennel, d'une vérité qui paraît imposée incite à la méfiance et à la critique. Quand, refaisant pour la énième fois le coup de son imperméable de général de la France libre, Jacques Chaban-Delmas vient sur les écrans de télévision se porter caution morale non seulement pour tous les résistants indistinctement mais encore pour l'ensemble des Français qui, dès 1940, auraient clairement refusé l'occupation et lutté contre l'envahisseur, il accomplit un geste inutile et même nocif.

Quatrième et dernier trucage, le fait que la réalité du procès de Klaus Barbie se soit trouvée reléguée au second plan au profit d'un débat dont l'orchestration avait pour conséquence d'abaisser l'institution judiciaire. L'initiative prise par l'ex-soixante-huitard Marek Halter et quelques activistes de ses amis, de dresser un mémorial de la déportation face au tribunal devant lequel comparaissait Barbie, devrait être perçue comme un grave manquement à la démocratie. Encore heureux que « l'enthousiasme » de ces sourcilleux porte-parole des droits de l'homme ait été freiné *in extremis* et qu'ils n'aient pu tenir leur parodie de procès aux marches du palais. Spécialiste des opérations médiatiques douteuses menées en vertu des grands sentiments mais dans la perspective d'intérêts concrets,

Marek Halter s'était déjà illustré par ses campagnes de pétition en faveur de l'émission littéraire de Luce Perrot. Sa relégation dans les profondeurs de la nuit cathodique était assimilée à une censure politique alors que seules de puissantes interventions élyséennes, sollicitées par le même Marek Halter, avaient permis à sa protégée, cauchemar des directeurs de programmes, de se faufiler sur les écrans. Cédant à l'alternance des flatteries et du terrorisme verbal dans laquelle Marek Halter est passé maître, les autorités officielles, municipales et étatiques, ont cautionné l'indigne mémorial. Lamentable faiblesse. Imaginez les commentaires qu'aurait suscités une démarche comparable à Moscou pour mobiliser, par exemple, l'opinion soviétique contre les dissidents ou contre les résistants afghans à l'occasion du procès de l'un d'entre eux? Que deviendrait l'exercice de la justice si de telles pratiques se généralisaient? La sérénité des délibérations, le respect du tribunal constituent pour chaque citoyen des garanties essentielles. Surtout pour un dossier exceptionnel. Certains professionnels des droits de l'homme se découvrent, dès que le masque est baissé, de redoutables chasseurs de sorcières. Leurs analyses ont changé mais leur assurance demeure, ainsi que le radicalisme des attitudes qui en résulte.

Ces défaillances sont bien peu de chose sans doute à côté des atrocités nazies. Certes. De tels manquements n'en sont pas moins révélateurs de notre fragilité collective et de la faiblesse de notre imprégnation démocratique. Ne trouvez-vous pas éclairant de voir, dans le camp des accusateurs publics de Klaus Barbie ardents à bousculer les règles et les procédures, nombre des militants les plus prolixes et les plus médiatisés de cette nouvelle dimension morale qui se serait épanouie sur les ruines des idéologies politiques? Relever les décalages entre le discours et les pratiques, se montrer d'une scrupuleuse vigilance avec ces charlatans, n'est pas un exercice gratuit. C'est une nécessité vitale.

A la suite de vos manifestations de 1986 d'habiles gloseurs, résistant mal à la tentation constante de notre société d'ériger la jeunesse en idole, vous ont présenté de complaisants miroirs. Ne pensez pas vous y reconnaître. Il serait ridicule de vous croire, par je ne sais quelle grâce, indemnes de toute immoralité ou vaccinés contre le racisme sous prétexte que vous vivriez dans une société métissée. J'ai voulu, dès notre premier contact, vous montrer à travers un exemple concret l'ampleur des manipulations sociales dont nous sommes l'objet et dont, plus que d'autres, vous êtes l'enjeu. Dix-huit mois après avoir été affublés du qualificatif de « moral », vous avez été, non moins superficiellement, mobilisés au titre de « génération Mitterrand ». A l'abus de 1986 s'ajoute alors le paradoxe. Bien que débutant par la même lettre, morale et Mitterrand ne peuvent être présentés comme synonymes. Au moins depuis que le futur premier magistrat de France a caché la réalité d'un attentat bidon au juge d'instruction chargé du dossier.

Cette notion de « génération Mitterrand », si elle avait un contenu, devrait indiquer que le chef de l'État s'identifie à un projet, au moins à une perspective, peut-être seulement à une ambition, dans laquelle vous vous reconnaîtriez. Le moins que l'on puisse dire est que cette réalité ne crève pas les yeux. Le seul objectif concret à vous avoir été présenté consistait à remplacer SOS-racisme par SOS-Élysée. Avec en prime, dans la seconde perspective comme dans la première, les inévitables concerts de masse. Gratuits pour vous sinon pour le contribuable. Vous avez néanmoins ratifié le calcul des stratèges élyséens. Comme si les matraques de Pasqua, fin 1986, avaient frappé Chirac à mort en vous ouvrant les portes de la gauche. Vous voici, à votre tour, entrés dans la famille. La connaissez-vous?

Survivants d'un maoïsme de pacotille, fantomatiques trotskistes ossifiés, samaritains chrétiens-marxistes tiers-mondistes, révolutionnaires mondains, ultime carré de staliniens non repentis, légions de sociaux-démocrates honteux, notables repus, arrivistes avides, clientèle présidentielle de monarchistes se targuant de républicanisme... voici la gauche française. Ma famille. Aussi divisée et querelleuse qu'une tribu gauloise. Aussi inculte et impudente qu'un car de touristes du Club Méd. Drapée dans un passé mythifié, elle se croit autorisée à donner des leçons à la terre entière sans même se rendre compte que, depuis longtemps, plus personne ne l'écoute. Comment pourrait-il en être autrement dès lors qu'elle se désintéresse des relations internationales et laisse la gauche européenne s'organiser en contournant la suffisance française? Prisonniers du nombrilisme hexagonal, les socialistes ont longtemps prétendu être d'une essence différente de leurs frères sociaux-démocrates. Dans les années 70, Pierre Joxe s'était opposé, lors du congrès d'Épinay-sur-Seine notamment, à l'adhésion du « nouveau » PS à l'Internationale socialiste. Lui et les siens des clubs mitterrandistes se situaient trop « à gauche » pour accepter de se compromettre avec de vulgaires Olof Palme ou Willy Brandt. Condamnés à l'opposition en France, ces professeurs de socialisme n'ont cessé de donner des leçons à ceux qui, de Suède au Portugal, tentaient de modeler le réel. Aujourd'hui ils gouvernent. Que ce soit face au désarmement, au néo-colonialisme, au nucléaire, à l'écologie, aux formes de l'économie sociale, à la participation des citoyens à la vie politique, à l'accueil des immigrés... le PS se situe à présent à l'extrême droite de l'Internationale socialiste.

Car le bric-à-brac exotique que l'on nomme « gauche » n'a pas résisté à l'épreuve du pouvoir. Les convictions ont cédé devant les palais ministériels. Les idées ont disparu au profit des avantages matériels. Le parti du débat est devenu celui du monologue mitterrandien. Il tente de répéter ce qu'il croit être la pensée élyséenne. La formation qui devait organiser un « front de classe » se borne à juxtaposer les maigres clientèles antagonistes de quelques hauts fonctionnaires en rupture d'administration pour cause d'ambition présidentielle. La coquille vide du PS n'est soutenue que par l'appareil d'État, comme un handicapé moteur par son corset de fer. Maniant plus d'abstractions que de réalités, ce qui tient lieu de vie politique égare le citoyen de différentiels d'inflation en équilibre de la balance des paiements et autres déficits de la Sécurité sociale. Un style suave et faussement complice, hérité des amphithéâtres de Sciences-po et de l'ENA, poli par les exercices en vidéo et décliné sur les différentes chaînes de télévision, est en train d'atteindre son point limite : le vide. Le vieux fonds républicain tient lieu de référence « idéologique ». Le discours politique ne relève plus de la vacuité intellectuelle mais du gouffre. Le bicentenaire de 1789 servira de paravent à l'abîme. Et, puisque Léotard, de Villiers et quelques autres jeunes loups de la droite ont accepté de tenir le rôle des Chouans, la représentation peut commencer. Le Puy-des-Fous du « tout-État » en quelque sorte.

Pourquoi, me direz-vous, critiquer aussi hargneusement sa famille? Pourquoi ne pas demeurer à l'abri du confortable statut étatique que nos élites se sont taillé sur mesure? Après tout, lorsqu'ils ferraillaient à l'extrême gauche, loin sur ma gauche, les illusions de mes petits camarades me faisaient plutôt sourire. Je n'y croyais pas plus qu'eux et ces jeux de miroirs me semblaient puérils. Je n'en faisais pas un drame. Les voici devenus d'extrême centre. Un tel revirement pourrait simplement renforcer l'attendrissement et accentuer le sourire. A ceci près qu'à présent ils piétinent mes plates-bandes, récupèrent et détournent une tradition et un passé qu'ils n'ont cessé pendant vingt ans de railler et de dénigrer. Leur orthodoxie sociale habillée d'une argumentation pseudo-sociologique, leur lâcheté nimbée de carriérisme donnent envie de hurler. En quoi les erreurs d'hier seraient-elles devenues une garantie de vérité aujourd'hui? Comme si seule l'immodestie des certitudes pouvait demeurer permanente. N'est-ce pas, monsieur Yves Montand? Avoir été un stalinien convaincu dans les années 50 ou un gauchiste vibrionnaire dans les années 70 aurait formé les meilleurs réformistes d'aujourd'hui? Laissez-moi rire. De tels changements de cap vous font souvent, en revanche, de solides hommes de droite. La galaxie d'anciens communistes, fleuron du monde intellectuel, est là pour l'illustrer de génération en génération.

Nous les besogneux de la social-démocratie, nous les cocus de l'Union de la gauche, nous devrions nous laisser dépouiller sans un mot. Voter et nous taire. Malheureux mais silencieux. Ce serait trop simple. Il faudrait contempler, muets, l'effondrement de nos rêves, regarder sans un mot nos idées foulées, souillées, détournées. Ceux qui moquaient, il y a encore dix ans, notre pusillanimité parce que nous prétendions, pas à pas, changer la société, nous répliquent à présent lorsque nous réaffirmons la même volonté : « Soyez raisonnables! » L'heure du réalisme aurait sonné. La nécessité d'adapter son discours à son statut social se fait impérieuse. Croire encore à un changement de société et surtout le dire fragilise les carrières. Il convient en effet de parler contre les cercles dirigeants auxquels on appartient ou que l'on aspire à rejoindre. Ils réclament des gages. Solides. Ils n'acceptent que les personnages sérieux faisant preuve d'esprit de responsabilité, donc qui ne les bravent pas. Finies les illusions de jeunesse. Ne les regrettez pas, elles ont prouvé votre sensibilité et votre générosité. C'est très bien. Il est temps de passer aux choses sérieuses.

La social-démocratie dont, vingt années durant, vous avez brocardé la timidité, moqué l'électoralisme et dénoncé les compromissions devient, à l'heure où vous prétendez capter l'héritage, le socialisme archaïque témoin du siècle passé dont les exigences encombrent inutilement la route des ambitions. La social-démocratie, dont personne ne voulait entendre parler hier, n'est récupérée que pour camoufler le retour à la troisième force, à ces coalitions sans âme ni projet et donc baptisées centristes. Éphémère étudiant communiste terrassant l'hydre mollétiste, reconverti en tenancière de maison de petites vertus démocratiques, Jean-François Kahn en fait son fonds de commerce hebdomadaire. Il aspire à réussir ce que J.-J. S.-S. a raté avec « Monsieur X ». Au PS, à l'exemple de Gaston Defferre il y a vingt-cinq ans, quelques grands notables attendent le moment d'en cueillir les fruits. Cette trahison est plus grave que le mépris de naguère. Car, au fil de la récupération d'un vocabulaire, les mots sont vidés de leur contenu. Opposer social-démocratie et socialisme résulte d'une perversion intellectuelle dont le PS, après en avoir été le premier coupable, est devenu la principale victime. Si, tout au long de son histoire, le parti socialiste s'est toujours révélé aussi fragile, c'est parce que, depuis 1905, il n'est jamais parvenu à dépasser durablement le stade de conglomérat de courants divergents, fédérés par une forte personnalité, pour s'implanter en profondeur dans le tissu français. A l'exception, ambiguë, des fédérations socialistes du Nord et du Pas-de-Calais qui sont au moins autant des rameaux du mouvement ouvrier belge que français, le PS est demeuré un club d'élus et non une social-démocratie, c'est-à-dire un ensemble capable de mettre en mouvement forces politiques, syndicales, économiques, sociales... chacune des composantes renforçant les autres. Un ensemble capable de traduire les revendications et d'agir en liaison avec les fameux acteurs sociaux qui fondent la société civile.

La deuxième gauche « cédéto-péessuïsante » (la CFDT et le PSU si vous préférez) aurait été plus proche de la définition d'une authentique social-démocratie si elle n'avait pas dérapé dans l'anarcho-syndicalisme. Profitant du retrait de la vague marxiste, un formidable retour en arrière a été opéré au nom du mythe de l'autogestion. Avec soixante ans de retard, les thèses du syndicalisme révolutionnaire ont été remises à l'heure Lip, hâtivement badigeonnées aux couleurs du temps et complaisamment colportées par les calamiteux clercs progressistes. L'échec était inévitable. La CFDT en paie encore le prix. Il explique, s'il ne justifie pas, la présente impuissance gouvernementale et la prétention à changer la société à travers les péripéties de la vie quotidienne. Edmond Maire en a tiré la leçon et prend sa retraite. Michel Rocard est installé à Matignon.

*
* *

Parler, critiquer, dénoncer, c'est, bien sûr, faire le jeu de l'adversaire. La vieille méthode stalinienne n'est jamais longue à resurgir! Soyez pourtant cohérents, camarades gouvernants, il n'y a plus d'adversaire dans votre système. Tout fonctionne au consensus, ce qui signifie que l'avis de celui qui ne vote pas pour vous pèse plus que l'appréciation de ceux qui vous ont faits rois. Il faudrait pour le moins attendre, vous donner votre chance. Qui nous rendra la nôtre? Et si huit mois sont insuffisants pour juger sereinement, pourquoi Pierre Mendès France est-il devenu votre référence après un aussi bref passage à la tête du gouvernement? Oui, soyez cohérents. Comment éviter que la dérive ne soit fatale si nul ne crie au loup? Il est déjà temps de sonner du cor. Au nom de ceux qui sont trahis, de ceux qui n'ont jamais accès à la parole bien que, les uns comme les autres, nous ne cessions de prétendre les exprimer. Personne n'échappe à ce paradoxe.

J'ai envie de mordre, par impuissance. Et aussi, en raison d'un coup au plexus encore douloureux six ans plus tard. C'était à Denain. La gauche gouvernait. La rigueur déjà pointait son nez sans être encore devenue titre de gloire. Descendant d'une voiture préfectorale à proximité d'une manifestation de sidérurgistes, j'ai été nom-

mément interpellé par un des protestataires. Abasourdi, je le dévisage. « Tu ne
te souviens pas? Nous étions ensemble aux
Jeunesses socialistes. La gauche ça t'a pro-
fité! Je suis au chômage. » Il y a six ans, je
suis demeuré muet. Il n'y avait rien à
répondre. Ou cela aurait été trop long et
trop impudique. J'ai à nouveau oublié ce
visage inconnu. Pas les propos. Leur auteur
ne lira probablement jamais ces pages qui
ont pourtant été écrites en partie à cause
de lui. Peut-être comprendrait-il que, sans
pouvoir être comparées à son déprimant
statut administratif de « demandeur d'emploi », elles ont aussi un coût social. Inévitable. On ne transforme pas impunément
une fraction de ses amis politiques en cibles
vivantes. C'est logique.

Redresser la barre vous incombe, à vous
les baskets. Pour ma génération, les mocassins, c'est déjà foutu. Une vingtaine d'années nous séparent. Trop peu pour qu'entre
nous puisse s'établir une relation de parent
à enfant. Heureusement. Je ne peux pourtant éviter de vous parler en aîné, en
humain d'avant trial et walkman. Vous avez
eu raison de reconduire pépé à l'Élysée. Il
en va de la gauche comme de la démocratie : c'est la pire des choses à l'exclusion
de toutes les autres. Il serait toutefois périlleux pour François Mitterrand de se tar-

guer de votre soutien. Vos votes sont toujours marqués du sceau de la contestation. C'est pourquoi vous êtes si continûment fidèles à la gauche. Sauf en 1986, comme par hasard. Pour une fois l'opposition se situait à droite et c'est là que l'on vous retrouve. En 1988 vous étiez confrontés, comme nous tous, à un cas de figure original puisque les deux candidats étaient, l'un comme l'autre, issus de l'exécutif. Disons que l'un était plus exécutant que l'autre. Celui que vous avez exécuté. De fait, François Mitterrand était le moins nocif des postulants. Ce genre de réalité s'apprécie concrètement. En regardant notamment le comportement du camp adverse. Il ne faisait pas bon se trouver dans un commissariat parisien dans la nuit du 8 au 9 mai 1988. Plusieurs juges d'instruction peuvent en témoigner. Furieux de la réélection de Mitterrand, un certain nombre d'honorables gardiens de la paix se sont calmé les nerfs sur la clientèle de passage. Vous avez eu raison d'en reprendre pour sept ans, mais vous auriez tort de laisser faire à présent. Parce que vous ne pensez tout de même pas que vos objectifs d'hier sont ceux des dirigeants de la France d'aujourd'hui?

J'ai cherché à comprendre ce qui vous avait rassemblés, il y a deux ans, au-delà de la griserie de l'action collective. Je passe pudiquement sur ceux de vos slogans, du type « Devaquet au piquet », dont la naïveté fleurait encore son patronage. Essayons de cerner les thèmes que vous avez mis en avant : refus de la sélection, démocratie dans la gestion du mouvement revendicatif et récusation de la violence comme mode de contestation. Sur le dernier point, vous avez été entendus. Les prolos qui, avec ou sans la CGT, avaient eu l'inconscience de mettre en œuvre un ersatz de la violence révolutionnaire chère aux maoïstes de l'ex-Gauche prolétarienne, ou simplement les odes de Michel Rocard au dynamisme de la lutte de classe ne l'emportent pas au paradis socialiste. Le nouveau pouvoir ne leur fait pas la grâce du pardon. Le patronat ne voulait pas.

Sur la pratique de la démocratie, il me semble que l'agonie de votre mouvement, l'impasse des états généraux qui devaient le prolonger, comme les mœurs monarchiques de la cour présidentielle montrent qu'une longue route reste à parcourir. En ce qui concerne la sélection, auriez-vous déjà oublié que c'est à François Mitterrand que vous devez le rétablissement des mentions au bac et à Jean-Pierre Chevènement la restauration de l'antique brevet des collèges ? Quant à la reproduction des élites, rien n'a changé depuis que la gauche gouverne, ni la primauté des grandes écoles ni les prébendes d'une haute fonction publique devenue hégémonique, non seulement dans l'appareil politico-gouvernemental, mais encore dans le monde financier, industriel et de la communication.

En un septennat, pratiquement rien n'a bougé dans la répartition du pouvoir au sein de la société. Les timides tentatives des débuts ont été abandonnées sous prétexte qu'elles faisaient hurler les nantis. Comme s'il était possible de restreindre des privilèges sans affrontement. Aujourd'hui, le projet non abouti n'est plus même repris en charge. Ce qui offre l'avantage, puisque rien n'évoluera, qu'aucun grief ne pourra être adressé à nos gouvernants. Leur seul engagement et unique perspective consiste à tenter de se maintenir au pouvoir. En dépit de cette abdication, de cette honteuse capitulation après le premier tir de semonce, ils ne vont pas hésiter, dans le cadre du bicentenaire de la Révolution, à glorifier la nuit du 4 août et à s'en prétendre les héritiers. Ils ne sont que ceux de Tartarin. Ce à quoi nous avons assisté sous Mitterrand I n'était qu'un début. Rassurez-vous, avec Mitterrand II ils poursuivent le combat. La normalisation dans laquelle ils sont engagés, et dont leurs comportements

et leurs propos offrent les premières illustrations, est en effet confortée par le discours ambiant. Non seulement la gauche
n'est plus marginale, mais elle devient de
bon ton. A un détail près : Est-elle majo-
ritaire? Est-elle vraiment au pouvoir?

Un président de gauche ne peut suffire
à dissimuler une France de droite. Le renversement des valeurs s'est opéré durant le
septennat de Valéry Giscard d'Estaing. Aux
thèmes égalitaires a succédé l'exaltation de
l'individualisme. Sur le modèle anglo-saxon,
quelques clubs et fondations se sont appli-
qués, au nom d'une abusive défense de la
liberté (sans « s »), à imposer le nouveau
code de références. Ce catéchisme, labo-
rieusement traduit de l'anglais ou de l'américain, est devenu la soupe médiatique quotidienne. Les écrans et les antennes ont
accueilli complaisamment, à titre de déri-
vatif, les artistes de variétés acceptant de
tenir le rôle de dames patronnesses. Tandis
qu'avec le déclin du PCF périclitait la vul-
gate marxiste qui a si longtemps encombré
la pensée politique et sociale française,
« nouveaux économistes » et « nouvelle
droite » rivalisaient dans la sacralisation du
marché et la glorification de l'élitisme,
accompagnant ainsi la montée continue du

chômage et de ce que nous nommons, par facilité, la « crise ». Et alors que Jean-Marie Domenach psalmodie les antiennes libérales de Mgr Dupanloup, ce serait la gauche qui daterait.

Il n'est pas sans signification de constater que cette évolution, d'abord sensible dans le monde intellectuel, a pénétré la vie politique par le biais du Front national. Le premier, dès 1974, le parti de Jean-Marie Le Pen s'est engagé dans cette œuvre de restauration idéologique. En acceptant, du même coup, de rompre avec la tradition anticapitaliste de l'extrême droite française. D'ailleurs, bien qu'on le classe à l'extrême droite, force est d'admettre que le programme du Front national ne s'inscrit pas non plus dans la tradition antiparlementaire. Les textes publiés révèlent plutôt une profonde imprégnation reaganienne. Restent toutefois le culte du chef et le *curriculum vitae* des responsables qui relèvent sans ambiguïté de l'extrémisme. Avec le choc de l'entrée de Mitterrand à l'Élysée en 1981, néo-gaullistes et néo-giscardiens ont rivalisé dans l'exploitation du filon libéral, déportant toujours plus à droite les équilibres de notre société. Au point qu'à l'occasion du scrutin présidentiel de 1988 il devint soudain urgent pour Jacques Chirac comme pour Raymond Barre de redécouvrir l'importance du thème de la solidarité. Le krach était passé par là. La politique ne pouvait plus continuer de se faire uniquement à la corbeille. La loi de la jungle a ses contrecoups et, de la mainmise RPR sur les « noyaux durs » des sociétés privatisées aux scandales boursiers qui ont secoué les États-Unis et le Japon comme le Matif, le nouveau marché financier parisien, les conséquences les plus négatives n'ont guère tardé.

Au-delà de ses clivages et de ses divisions, la droite se retrouve sur certaines valeurs communes. Comme la gauche sur les siennes. Elle constitue, comme la gauche, un seul et même ensemble. Les répartitions en « mous » et « durs » peuvent être valables pour les fromages, pas en politique. Georges Marchais n'a cessé, par exemple, d'être catalogué d'une manière ou d'une autre par quelques éminents fabiénologues à chaque péripétie de la vie du PCF. Et au sein de l'ancêtre du PS, dans la SFIO moribonde, les durs étaient, paradoxalement, mollets et les mous de fer. On voudrait vous faire croire, sous prétexte d'ouverture, que la malléable UDF serait apte à gouverner, avec les socialistes, une France apaisée et réconciliée. Les diables communistes et lepénistes sont rejetés dans l'enfer politique en compagnie des Chirac, Pasqua et autres

Balladur. La réalité ne correspond pas à ce schéma. En dépit des mussoliniens mouvements de menton du chef du RPR et des vieilles complicités tissées dans les réseaux animés par Charles Pasqua, le Front national apparaît plus proche d'une UDF se réclamant du centrisme que du RPR. Il n'y a pas lieu de s'en étonner. Depuis la IVe République (croyez-moi ce n'est pas si loin, demandez à votre divin tonton), Jean-Marie Le Pen entretient avec les Indépendants des relations suivies sinon confiantes. Lorsqu'il avait quitté le groupe poujadiste, il était allé chercher refuge au sein de la formation d'Antoine Pinay, aux côtés de Valéry Giscard d'Estaing et de Michel Poniatowski. La décolonisation de l'Algérie et le sanglant épisode de l'OAS n'ont fait qu'accentuer la rupture entre l'extrême droite et le gaullisme. Le procès des auteurs de l'attentat contre le général de Gaulle au Petit-Clamart avait mis au jour les liens entre les factieux qui encadrent aujourd'hui le Front national et les Indépendants, dont la bande à Léotard en partie reconvertie de la mouvance extrémiste, veulent récupérer l'héritage. C'est sans véritable surprise que, durant le septennat de Giscard d'Estaing, on a vu l'extrême droite assurer, sous la houlette d'Hubert Bassot, le service d'ordre des meetings du parti du

Président. Devenu, le temps d'une législature, président d'un groupe parlementaire, Jean-Marie Le Pen avait recruté ses collaborateurs permanents parmi les anciens du cabinet du ministre giscardien Dominati.

Les alliances d'union des droites qui se concluent dès que la nécessité l'exige ne relèvent donc pas d'une génération spontanée mais s'inscrivent dans la continuité de notre vie politique. Comme les alliances d'union de la gauche. Les socialistes semblent oublier bien vite qu'ils ne se sont résignés que la mort dans l'âme à passer un pacte avec le PCF. Ils sont allés à Canossa, au début des années 70, la corde au cou et n'ayant plus en portefeuille que 5 % de l'électorat. Ils s'alignaient, après plus de trente ans de tergiversations, sur la stratégie définie par la direction du parti communiste. Que ce fût pour leur plus grand profit est une autre histoire. Le seul mérite historique de François Mitterrand aura été d'inverser le phénomène d'hypnose qui paralysait la musaraigne socialiste face à la couleuvre communiste. En jouant les mangoustes, il a brisé les reins d'un reptile encombré par sa mue tardive. De la même manière, l'union des droites ne peut se réduire, comme la gauche affecte de le poser, à un simple problème moral. Quand cessera-t-on de la fourrer partout où cela démange? Balayons du même coup les faux-semblants du mode de scrutin. Ce n'est pas la manière de comptabiliser les votes qui détermine les courants d'opinion. Et ce n'est pas parce que le thermomètre vient d'être cassé que la fièvre a disparu.

Le poids électoral acquis par l'extrême droite est en lui-même une manifestation de cette « droitisation » du pays. D'autres signes témoignent de l'ampleur de la dérive. De doctes débats médiatiques s'engagent sur « le déclin ». Or, le thème de la déca-dence constitue l'une des constantes du dis-cours réactionnaire. Il force aujourd'hui l'attention de couches sociales très diverses. Troupes traditionnelles de tous les pouja-dismes, commerçants et artisans se sentent menacés par l'évolution contemporaine. C'est également le cas d'avocats, de méde-cins, d'architectes en voie de prolétarisa-tion, de chefs d'entreprise inquiets des conséquences du marché unique européen de 1992. Cette réalité est sous-estimée. La pression politico-médiatique cherche à ramener et à limiter l'électorat du Front national à une sorte de *Lumpenproletariat* vivant mal sa situation de concurrence avec les immigrés sur le marché du travail. Comme si nous nous refusions à admettre que des pans entiers de l'idéologie d'ex-trême droite campent désormais au cœur des discours les plus officiels, les plus reconnus. Que d'analyses autorisées nous ramènent à la description d'une France paresseuse, d'une revendication égalitaire hypothéquant l'avenir, d'une protection sociale abusive, d'un futur catastrophique dès lors que la moindre régulation est imposée aux logiques du marché, dès lors que la loi et le règlement prétendent introduire une certaine égalité des chances au détriment du règne des plus forts. Cette attitude se trouve confortée, en vertu de la vigilante solidarité des élites, par une pseudo-science « gestionnaire » qui s'applique à repousser les finalités humaines de toute démarche politique. Jusqu'au conseiller spécial du chef de l'État qui encense la propriété et théorise les bienfaits d'un capitalisme ouvrant les portes de l'avenir. Adieu PS et ses pompeuses déclarations de principes. Le seul principe qui vaille c'est : « J'y suis, j'y reste. »

Les socialistes gouvernent dans ce contexte. Avec certains des tenants de ces conceptions. Ils s'en satisfont. En réalité, ils se contentent d'accompagner le glissement à droite de la société française. En le freinant sans doute mais en justifiant aussi du même coup des références culturelles qui ne sont pas les leurs, qui ne sont pas celles de la gauche. De l'apologie du marché au discours sécuritaire, du culte du consensus à la révérence face à la technocratie, l'abdication est impressionnante. Sa seule justification réside dans le fait que l'alliance entre l'extrême droite et la droite constitue une menace potentielle pour la démocratie. C'est peut-être ce que voulait exprimer Daniel Colé, l'une des figures de proue de la « NGS », avec cette absconse formule : « Mieux vaut la gauche caviar que la droite camembert. » Encore un exemple d'argumentation aussi ancienne que le début des compromissions de la gauche. C'est toujours, en effet, au nom de l'urgence de la défense des valeurs républicaines que sont passées les alliances à droite qui renvoient aux calendes l'idéal socialiste. C'est à partir de cette argumentation que la guerre s'étend en Algérie et que le coup d'État du général de Gaulle est légalisé en 1958. François Mitterrand, en fidèle ancien garde des Sceaux de Guy Mollet, n'a rien à découvrir en ce domaine. Ancien ministre d'État de Joseph Laniel il sait en outre qu'immobilisme et impuissance n'interdisent pas de régner.

Si vous avez eu raison de participer massivement à la réélection du Tonton déifié, qu'est-ce qui vous empêche aujourd'hui de réclamer le salaire de votre mobilisation médiatique ? N'êtes-vous pas depuis trop longtemps traités en indigènes par nos négriers contemporains, payés en toc et en TUC? Attention à la verroterie et à la pacotille de nos marchands d'illusions. Ils en sont spécialistes. N'avez-vous pas remarqué combien le contenu de la dernière (pour l'instant) campagne présidentielle de François Mitterrand accompagnait l'évolution rétrograde de la société? N'avez-vous pas constaté que sa réélection a été, pour le « peuple de gauche », moins un moment de bonheur intense que de lâche soulagement? Cette victoire électorale socialiste constitue une défaite idéologique essentielle. Une France inquiète, sensible à la réaffirmation de valeurs traditionnelles, a préféré assurer ses acquis plutôt que de prendre le risque d'un libéralisme qui, menaçant les références connues, inquiétait. Mitterrand est l'élu de la pause, l'élu du conformisme étatique et du conservatisme social. Pourquoi vouloir l'ignorer?

**

Je vous adresse cette mise en garde car vingt ans, même agrémentés de quelques poussières, reste l'âge des certitudes. Je n'oublie pas, pour ma part, que la chambre de Front populaire fut celle qui délégua le pouvoir constituant au maréchal Pétain. Vous ignorez encore la part des illusions. Or, le bluff constitue l'essentiel de votre environnement. Déjà en décembre 1986, comme de quelconques Bergeron, vos délégués à la « coordination étudiante et lycéenne » fixaient leurs rendez-vous avec les membres du gouvernement Chirac en fonction des horaires des journaux télévisés. A 20 heures, coûte que coûte, ils campaient sur les perrons ministériels en bons professionnels de la revendication catégorielle. Formés aux pires travers de la vie politique par le biais des survivances du syndicalisme étudiant et des manipulations trotskistes, de redoutables professionnels d'appareils se hissent dans votre sillage vers les fonctions dirigeantes de la société. Revenus de tout avant d'avoir rien atteint, ces machines à tuer se recyclent à présent au Parlement ou tentent d'y parvenir. En votre nom toujours. Ne laissez pas dire que vous seriez ce qu'ils sont.

Méfiez-vous, car voici venu le temps des petites combines devant ouvrir aux grandes carrières. Parce que 65 % des moins de 35 ans ont voté François Mitterrand lors de l'élection présidentielle, certains d'entre vous entendent faire fructifier ce capital à leur profit. L'ancien vice-président de SOS-racisme par exemple. Il faut dire que Julien Dray s'est donné du mal. D'abord pour devenir député. Une bonne petite combine d'appareil au PS pour se faire attribuer un terroir gagnable au titre de « personnalité extérieure ». Un travail d'orfèvre, mais une simple formalité pour ce récent trotskiste. Il avait pu conserver la main en contrôlant l'organisation des potes. Le fait qu'il soit, depuis des années déjà, membre du PS n'était qu'un détail secondaire. Le visage déjà empâté par les déjeuners de notables, cravaté comme un vrai petit cadre, celui qui faisait hier la leçon aux communistes sur leur gauche est allé, sur leurs terres de l'Essonne, jouer le menuet de l'ouverture. Jusqu'au soir du premier tour. Car, au vu du résultat des urnes et pour sauver son siège, le nouveau hérault de la gauche humanitariste et « désidéologisée » s'est précipité vers l'électorat du PCF avec une fringale analogue à celle dont la vérole ferait montre pour le bas-clergé breton. SOS-racisme ressuscitant l'union de la gauche : on en pleurerait d'attendrissement. Ensuite, des savonneries élyséennes aux couloirs du PS, des corridors de l'Assemblée nationale aux salles de rédaction, Julien Dray s'est à nouveau dépensé sans compter, sinon sans calculer, pour tenter de convaincre que seule la création — la re-création — d'un ministère de la Jeunesse donnerait un nouveau souffle à la vie politique nationale. Pour le titulaire du portefeuille il avait aussi une petite idée qui produirait certainement un impact positif : lui-même évidemment. Hurlements d'horreur d'autres sectateurs trotskistes d'obédience concurrente également réfugiés au sein du PS, à commencer par Jean-Christophe Cambadélis, lui aussi nouveau député et bien décidé à ne pas se laisser distancer dès l'aube d'un si prometteur parcours. La brillante trouvaille a fait long feu. L'erreur qui s'est glissée dans un plan de carrière aussi rigoureusement élaboré se nomme, encore une fois, société civile. Si Julien Dray n'avait naguère commis la faute d'adhérer au PS, il serait probablement aujourd'hui ministricule de la Jeunesse. Il aurait pu être classé dans la catégorie porteuse, améliorant par contre-coup les statistiques de présentation de l'équipe rocardienne. Étiqueté socialiste, il perdait non seulement tout intérêt mais devenait même un handicap.

Le bluff triomphe d'abord à travers le plus symbolique des emblèmes de votre génération. Je veux encore parler de SOS-racisme. Vous savez, cette organisation de défense des beurs peuplée de sionistes qui se déchirent entre eux mais sont ravis d'avoir enfin trouvé plus « métèque » qu'eux et de pouvoir jouer les avocats. Tout y est bâti en trompe l'œil : les thèmes, la sélection des dirigeants, l'indépendance du mouvement et ses formes de mobilisation.

La superficialité règne. L'air du temps s'en satisfait. Au nom de la mort des idéologies, chacun s'applique à magnifier le bricolage de détail. Nécessaire sans doute, mais insuffisant. Pour faire reculer la xénophobie et le racisme, explique Harlem Désir, il faut réparer les boîtes aux lettres des HLM et remettre les ascenseurs en état. Ne souriez pas, ces mesures sont à ce point décisives qu'elles sont pompeusement reprises à la tribune de l'Assemblée nationale dans la première déclaration de politique générale du nouveau Premier ministre. Bientôt, le moindre gestionnaire d'office HLM va se prendre pour Lénine ou Napoléon. Des perspectives attrape-nigauds comme en raffolent nos « nouveaux philosophes ». Souvenez-vous de la « morale d'extrême urgence » chère à André Glucksmann. On laisse tout tomber pour venir en aide à celui qui vient de choir sur le trottoir. Ce serait la quintessence de la nouvelle philosophie. Les maires sont médiatiquement sommés de verser l'impôt révolutionnaire aux « restos du cœur ». Ce que peut être leur politique d'assistanat social par ailleurs, tout le monde s'en fiche. Oui, le degré zéro de la pensée politique est atteint. Tous ces théoriciens issus de la faillite de l'extrême gauche vous font prendre des vessies pour des lanternes. Vous finirez par vous brûler.

Et à force de marcher à côté de vos pompes vous ne tarderez plus, vous aussi, à vous casser la gueule.

Le droit à la différence sert de prétexte à la glorification du melting-pot culturel, par opposition aux formules d'intégration laïque et obligatoire par le biais du système d'éducation centralisé français. Cet anti-racisme qui prend le contre-pied des traditions nationales ne paraît pas se rendre compte qu'il menace de déboucher sur des logiques d'apartheid. Elles ne fonctionnent pas qu'en Afrique du Sud. Elles n'y sont que criminellement caricaturales. Elles constituent également la référence admise du libéralisme américain. La civilisation des États-Unis est celle du ghetto. A chacun son quartier, à chacun sa piscine. Les Noirs entre eux bien sûr, mais aussi les juifs, les hispanisants, les Italiens, les Allemands... SOS-racisme comme agent inconscient du libéralisme, voilà un beau sujet de colloque. A chacun son école, à chacun sa culture, la République l'a refusé naguère par souci d'unité et d'égalité. L'accepter aujourd'hui ne reviendrait-il pas à institutionnaliser la mise en quarantaine? Celle qui permet déjà, par exemple, aux écoles catholiques d'arguer de leur spécificité religieuse pour refuser les élèves musulmans et, partant, rameuter, moyennant espèces sonnantes et trébuchantes, la clientèle des parents qui refusent d'assumer les contraintes de l'intégration par la scolarité publique. Face aux menaces que tout fondamentalisme religieux, d'Iran en Israël, comme toute vérité transcendante, marxiste ou non, font peser sur la démocratie, seule la transmission des valeurs laïques et républicaines constitue une réponse. L'exigence de leur respect permettrait d'associer pleinement les nouveaux venus à notre destin collectif. Se montrer incapables d'une telle passation témoignerait à l'inverse de notre propre échec.

Ce n'est pourtant pas la première fois dans notre histoire qu'un problème d'intégration se pose. La proportion d'étrangers dans la population française est équivalente à celle qui s'observait dans les années 30. La France y a survécu. Si l'on se penche sur les quatre dernières générations de Français, le tiers d'entre eux compte des immigrés parmi leurs ascendants. Bien que cette dimension soit occultée dans notre histoire officielle de vaillants descendants des Gaulois qui ont fait la France (sauf Le Pen puisqu'il est celte), à l'exception des nations américaines ou océaniennes bâties sur l'immigration, aucun autre pays n'a connu un tel flux ni un tel brassage. A chaque fois, une partie des contemporains a poussé les hauts cris. A chaque fois, de faux sages ont expliqué que cette vague était différente des précédentes en fonction de telle ou telle particularité ethnique ou culturelle. Italiens au sud, Polonais au nord ont tour à tour été jugés inassimilables. A l'aube de notre glorieux XXᵉ siècle, les femmes polonaises avaient, dans le nord de la France, moins de valeur que le bétail. Quelques années auparavant, les mineurs belges avaient été renvoyés *manu militari* de l'autre côté de la frontière par leurs « frères de classe » du Pas-de-Calais. Dans le Midi, ce sont les Italiens qui furent molestés et même massacrés à Aigues-Mortes. Les « bougnouls » balancés des trains par nos « Rambos » avinés ne constituent qu'un épisode de la continuité française. Toutes les enquêtes montrent pourtant que les immigrés, indépendamment de leurs origines, se comportent de façon analogue aux groupes sociaux français de même niveau. La symétrie des arguments d'hier et d'aujourd'hui est étonnante. La dénonciation porte à présent sur l'islam, mais l'extrême droite ne brandit pas la menace d'une France transformée en « République islamique » de manière très différente de celle dont elle usait contre Léon Blum ou Pierre Mendès France en agitant l'épouvantail de la « République juive ».

Venus souvent à l'appel d'un patronat en quête d'une main-d'œuvre à bon marché durant les années de prospérité, sous-produits de la décolonisation d'un Empire faisant fleurir les doubles nationalités, les travailleurs étrangers et leurs familles n'ont, à l'évidence, aucune intention de retourner dans leur pays d'origine. Personne ne les y attend. Les gouvernements locaux, déjà encombrés d'une démographie non maîtrisée et d'un chômage endémique, n'en veulent pas. Nos immigrés sont en réalité des immigrants. Le véritable problème qui se pose en conséquence à la société française est celui de leur intégration. Plus vite elle sera réalisée, plus la cohésion sociale en sortira raffermie. Telle est d'ailleurs la conclusion d'un rapport élaboré en 1987 et éloquemment intitulé « Immigration : le devoir d'insertion ». Il n'a été rendu public que par les successeurs du gouvernement Chirac, en l'occurrence Lionel Stoléru, secrétaire d'État chargé du Plan. Simplement parce que les études officielles n'ont d'intérêt, chacun le sait, que si elles confirment les préjugés gouvernementaux. Sinon elles ne méritent que les oubliettes. Stoléru, touché par la grâce mitterrandienne, adhère à présent à l'idée que l'immigration est une chance pour lutter contre la crise de natalité qui mine la vieille Europe. Lorsqu'il était encore un dévot giscardien, il avait instauré une aide au retour pour repousser les envahisseurs. Il faut croire qu'en dix ans les données du problème ont radicalement changé.

Toute communauté se renforce en englobant ce qui agit en dehors ou contre elle. Il y a donc intérêt, pour la stabilité même de notre société, à maintenir les procédures traditionnelles d'acquisition de la citoyenneté française découlant du « droit du sol » plutôt que de s'appuyer, comme le veut le Front national et ceux qui le suivent sur ce point, sur un « droit du sang ». Cette notion qui renvoie aux critères du régime de Vichy montre que nous sommes loin d'en avoir fini avec notre passé récent. Et les procès à grand spectacle n'y changeront rien. Nous voici revenus dans une de ces périodes de doute pendant lesquelles le pays se replie sur la recherche d'une identité mythique faute de parvenir à se projeter dans l'avenir. Là est la véritable fragilité de notre communauté nationale et l'origine de la force relative du Front national. L'extrême droite a encore marqué des points avec la loi d'amnistie élaborée par le gouvernement de Michel Rocard et votée par une majorité d'union de la gauche. En effet, les dispositions concernant les étrangers sont en totale rupture avec les idées que la gauche défendait naguère et avait mises en œuvre dans la loi équivalente de 1981. A présent, s'ils bénéficient des mêmes réductions de peines que les nationaux, ils sont, pour les majeurs, simultanément reconduits à la frontière. Ils ne disposent que de huit jours pour obtenir une éventuelle mesure de grâce du chef de l'État. Ce n'est plus une amnistie, c'est la purge.

Le gouvernement est fidèle dans sa lâche timidité au passé de la gauche. Le Front populaire n'avait pas osé revenir sur la loi de 1934 écartant les naturalisés de la fonction publique. Daladier puis Vichy élargirent la brèche en allant jusqu'à expulser les fils de naturalisés des emplois publics. Par un de ces fameux tours de passe-passe historiques dont notre société est si friande, nous vivons sur l'idée que la France aurait une tradition de terre d'asile. Répétée de réunions publiques en débats télévisés, cette évidence est fausse. Même si depuis 1789 une certaine ouverture s'est manifestée, notre droit se montre fort discret sur l'accueil réservé à ceux qui cherchent un refuge. Il se caractérise par des mesures restrictives et protectionnistes. Nous avons moins protégé par compassion qu'accepté par intérêt. Nous nous sommes moins ouverts aux proscrits que nous n'avons recruté une main-d'œuvre à vil prix. Si vous cherchez des peuples ayant une authentique tradition d'ouverture, tournez-vous vers la Grande-Bretagne, les Pays-Bas, l'Allemagne, la Suède. Nombreux furent, au cours des siècles, les Français qui s'y abritèrent. Nos habitudes sont d'une tout autre nature. Nous préférons, d'un trait de plume, exclure de la communauté nationale telle ou telle catégorie de citoyens. Protestants, juifs, francs-maçons en ont fait la cruelle expérience. Y compris au XXe siècle. Il y a quelques décennies seulement que Charles Maurras pouvait encore, sous les applaudissements des nantis, les désigner, avec les métèques, à la vindicte publique. Tant que ses habitants refuseront de se regarder tels qu'ils sont vraiment, tout restera possible sur cette douce terre de France.

N'avez-vous pas été surpris de la relative faiblesse des contingents de jeunes Maghrébins lors de vos manifestations de la fin 1986? Ils étaient loin d'être dans vos cortèges à proportion des effectifs de la jeunesse scolarisée qu'ils constituent. Plus vous mesuriez votre force de jeunes privilégiés, plus ils redoutaient les conséquences d'un tel affrontement sur leur communauté. Car, comment pourraient-ils faire leur un mouvement annexé par des trotskistes en quête d'une « base de masse » ou une organisation noyautée par les étudiants juifs? Dans la logique du droit de vote à 18 ans, les secteurs « jeunesse » des partis politiques se sont progressivement éteints. SOS-racisme les a remplacés. Au moins pour ce qui est de la promotion des cadres. Les fonds spéciaux du gouvernement sont venus s'ajouter aux subventions officielles pour lui permettre de vivre. A charge de payer les intérêts au parti socialiste à chaque scrutin. Avec la « fête pour l'Égalité » lors de l'élection présidentielle par exemple, ce qui aura au moins permis au beauf Roger Hanin de déclamer sur la scène : « Oui, je viens dans ce temple adorer Mitterrand. »

Avec la vigilante complicité des socialistes, la direction de SOS-racisme draine le public des jeunes vers des commerçants expérimentés qui ont compris que, pour être pleinement efficace, le démarchage publicitaire sous forme de sponsoring doit se dissimuler derrière de nobles idéaux. Elle tire argument de l'ampleur des foules ameutées pour se targuer d'une influence invérifiable. Car l'affluence lors de concerts gratuits n'a guère de signification. Elle est fonction de l'affiche, non du slogan justificatif. Au moins, quand Prince ou Michaël Jackson emplissent le Parc ou Bercy ils font payer l'entrée. Leur audience est donc bien réelle. Sur la signification de ces engouements il y aurait en revanche beaucoup à dire. Il s'agit plus de spectacle et de musiques à danser que de message. Ce n'est pas parce que 100 000 personnes se retrouvent place de la Concorde pour un show que leur engagement contre le racisme est avéré. Ou alors, que faut-il penser lorsque, quatre soirs de suite, des dizaines de milliers d'entre vous ont, au palais omnisports de Bercy, clamé « ouais » aux questions de Prince : « Dieu est-il vivant? », « Croyez-vous en Dieu? ». Cette foi affirmée constituait-elle une réalité sociologique? Pauvre Prince au demeurant, qui, après avoir voulu jouer le hard-sex du show-bizz, est devenu le calque de Michaël Jackson, la Chantal Goya américaine des années Yop. Car la génération des baskets, celle des « p'tits clous », bref la génération des enfants de Coca-Cola et du Top 50, reste encore celle des laitages.

Certes, mieux valent les manifestations de SOS-racisme, aussi ambiguës soient-elles, que les nostalgiques défilés fascisants devant la statue de Jeanne d'Arc pour sauver la France et Rome sous le double parrainage de Jean-Marie Le Pen et de Mgr Lefebvre. Pauvre et sainte femme au demeurant, promue symbole du nationalisme xénophobe, elle qui, à la tête d'une armée d'Écossais,

d'Espagnols, de Lombards et de Piémon-
tais, guerroya contre les Bourguignons.
Tout n'est pas équivalent et les faiblesses
des uns ne peuvent excuser les perversions
des autres.

LES MOCASSINS

Quarante ans. Environ. Ambitieux pressés et « révolutionnaires » rangés se mêlent, se frottent, s'épaulent, se bousculent, se font la courte échelle ou des crocs-en-jambe pour atteindre les postes convoités qui, naturellement, se situent toujours au-dessus de ceux qu'ils occupent. Vos rêves, ô mes frères d'âge, ont disparu, ne demeurent que vos frustrations, vos envies matérielles et farouches. Il vous en faut plus, encore plus, et vous dissimulez mal le caractère insupportable que prend pour vous l'attente. Devoir encore jouer la comédie du respect devant les anciens capables de devenir des obstacles, de vous barrer la voie d'accès, est une épreuve dont vous vous acquittez avec de moins en moins de conviction.

Échaudé par l'audace rétrospective de ses prises de distance à l'égard du monarque lorsqu'il était Premier ministre, Laurent

Fabius muselle sa hantise d'être sacré Grand vizir à la place du Grand vizir. Redevenu tout sucre et tout miel, il se morfond sur son perchoir. François Léotard, l'intérimaire de la rue de Valois, enrage de voir le vieux Giscard d'Estaing lui reprendre son jouet. Il se tait devant l'ancien chef de l'État, mais récrimine courageusement dans son dos. Quant aux Juppé et Toubon, les Dupont et Dupond du RPR, ils se repassent le secrétariat général du mouvement au fil de batailles d'appareil menées pour tromper leur ennui. Ils ne parviennent pas, pour autant, à se doter d'une personnalité autonome dans l'opinion et en sont réduits à continuer d'attendre sous Chirac, en guettant dans l'angoisse le moment où le gros Séguin portera la botte qu'il espère fatale.

Rassemblés autour du « meilleur d'entre eux », les « golden boys » de la « nouvelle gauche socialiste » officialisent la nouvelle alliance qui aspire à prendre la succession du mitterrandisme. Ils ne se donnent plus de frissons, comme à l'époque de leurs 18 ans, en « piquant » des cachemires dans les boutiques de Saint-Germain-des-Prés. Ils les achètent. Leur goût du luxe est devenu un acte politique : la preuve de la rénovation du socialisme. Il n'est pourtant que le signe du progrès de leur pouvoir d'achat. Lié effectivement à l'arrivée de la gauche au pouvoir. Comme l'explique pompeusement Henri Weber, ancien trotskiste devenu collaborateur de Laurent Fabius : « Le message du mouvement ouvrier s'est estompé. Du coup, notre rapport au plaisir, aux biens de ce monde, a changé. » Quel crachat indigne sur tous ces jeunes destins qu'il avait hier entraînés vers l'impasse, ruinant des carrières professionnelles, brisant des ménages et parfois des vies! Cet ancien marxiste virulent a juste rectifié la doctrine du maître sur un détail. Il remplace la récupération collective de la plus-value capitaliste par une récupération individuelle!

L'idéologie étant devenue ringarde, on fait dans la publicité... pardon, dans la communication. Les sociétés spécialisées, qui vivront aux crochets des petits camarades de parti nichés dans les sociétés nationales ou infiltrés dans les ministères, ouvrent en rafales. En attendant que sonne l'heure bénie de la succession de « Dieu », la coterie de la « nouvelle gauche socialiste » rode à l'hôtel de Lassay de nouveaux usages de Cour, correspondants à sa culture de génération. A l'inverse des rites élyséens, le tutoiement est de rigueur et le jean maintient l'illusion d'une jeunesse qui s'est déjà dissipée. Dans le sillage de Jack Lang et rassurés par les audaces vestimentaires calculées de Fabius, les petits-maîtres de la NGS ne se classent plus seulement en termes de génération mais aussi en fonction de leurs couturiers. Thierry Mugler a du plomb dans l'aile. D'un septennat sur l'autre il a pris un coup de vieux. La pire des condamnations. Adriano Cifonelli a le vent en poupe. Il paraît que la silhouette de la divine grenouille a été aperçue chez lui. Frileusement regroupés au confortable bercail du président de l'Assemblée nationale, un quarteron d'éclopés de la dernière campagne législative se refait une santé en attendant les futures batailles. « Ce n'est plus un cabinet, c'est une infirmerie », ironisent charitablement les collaborateurs de Michel Rocard qui parlent d'expérience.

Il ne suffit pas d'avoir enterré ses utopies au profit de ses ambitions, encore faut-il élaborer le discours qui permettra de justifier ce changement d'attitude. Et cette dialectique sera d'autant plus arrogante que le grand écart sera large. Si la bouillie pour les chats peut passer pour de la philosophie et la réparation des ascenseurs pour un concept politique prometteur, c'est que nous vivons une période molle, sans référence, sans projet et donc sans avenir. Une période à ce point dérisoire que, lors de leurs fréquents tête-à-tête complices et télévisés, Bernard Tapie peut apparaître comme un idéologue et Anne Sinclair comme une conscience. Quand le gratin social qui se retrouve, chaque soir de scrutin, dans les sous-sols du Méridien pour siroter le champagne des principaux médias ne fait silence que pour le « Bébête show » et n'écoute plus aucun des dirigeants politiques du pays, comment ne pas y voir un signe de dérèglement? Si seule la dérision fonctionne encore, c'est bien que la pièce n'intéresse plus et que les acteurs se sont discrédités.

Comment pourrait-il en être autrement? La plupart d'entre eux sont hors d'état d'assumer un passé pourtant récent. Si Michel Rocard, par exemple, osait se retourner – mais toute sollicitation de cette nature suscite chez lui un immédiat mouvement d'agacement –, son honnêteté intellectuelle ne pourrait que le conduire à nous expliquer pourquoi il a changé d'analyses. La démocratie n'exige pas plus, mais pas moins. Jouer aux citations est un exercice souvent vain et toujours cruel. Pour tout le monde. Je ne succomberai pas à la tentation. Ou presque. Car, s'il peut être considéré comme décent de passer charitablement par profits et pertes le florilège des laborieuses synthèses entre maoïstes et trotskistes élaborées sous la houlette rocardienne au cœur des folles nuits de congrès du PSU, il est plus difficile d'oublier les questions que notre actuel Premier ministre posait à l'État socialiste, au fil d'un livre signé de son nom et que l'on peut donc croire rédigé dans le silence de son cabinet. Un ouvrage publié en 1972, c'est-à-dire à une époque où l'adolescence de Michel Rocard était déjà lointaine. Mitterrand avait réussi son OPA sur le PS et jeté les bases de l'Union de la gauche. Empêtré dans des analyses « révolutionnaires », comme disent en se marrant les vieux Chinois qui regardent passer les AX Citroën, Rocard n'a pas compris que la gauche s'ouvrait ainsi la route d'un pouvoir qu'il s'essaie à exercer.

Il se proposait de « donner la priorité à la lutte de classe directe, c'est-à-dire aux innombrables conflits quotidiens à travers lesquels se transforment les rapports sociaux, plutôt qu'à la lutte électorale qui n'est qu'un enregistreur de l'état de ces rapports ». Il serait aisé d'ironiser, à partir de cette remarque, sur la fonction attribuée au scrutin pour tenter de dénouer la crise provoquée par le statut néo-colonial encore infligé aux Mélanésiens de Nouvelle-Calédonie. Ce serait dans le droit fil de cette théorie rocardienne, mais injuste. Après tout, en social-démocrate impénitent, je préfère le bulletin de vote au fusil. Plus surprenante déjà est la constatation que, dans le premier projet de loi élaboré sous l'autorité suprême de Michel Rocard, les acteurs de la lutte de classe directe ont été pénalisés. En effet, la traditionnelle loi d'amnistie post-élection présidentielle, telle qu'elle est sortie des délibérations gouvernementales, se montrait plus cruelle pour les prolétaires ayant mis en œuvre les préceptes d'émancipation directe que celle de 1981, acceptée pourtant par la droite comme par la gauche.

Champion de l'effet d'annonce, le Premier ministre avait certes pris soin d'indiquer que les infractions et délits relevant du Code du travail ne seraient pas amnistiés. Les conditions de travail dangereuses comme la répression anti-syndicale ne méritent pas le pardon. Comme il le disait durant la campagne des élections législatives : « La fonction principale des socialistes est la défense du monde du travail. » A un détail près : la liste des exceptions prévues par le projet de loi d'amnistie revenait, en pratique, à passer l'éponge sur plus de 90 % des manquements patronaux. Y compris les entraves au droit syndical et les infractions à l'hygiène et à la sécurité. Les inspecteurs du travail, amers et découragés, constataient que le gouvernement venait, d'un trait de plume, d'annuler trois années d'activité. Les gouvernants et les députés ont prouvé, une fois de plus, leur méconnaissance du monde du travail. Même la si modérée Force ouvrière n'a pu éviter d'estimer excessive pareille clémence, d'ailleurs absente de l'amnistie concoctée en 1974, à l'aube du septennat de Valéry Giscard d'Estaing. Parti de si loin, le gouvernement pouvait penser, osait espérer, que la droite lui saurait gré de sa bonne volonté et laisserait passer son texte. Il n'en a rien été.

En conséquence, Michel Rocard n'avait plus d'autre solution, sous peine de rester en carafe à l'Assemblée nationale, que de courir derrière le parti communiste. Ce qu'il fit. Et pas en trottinant. La recherche de cette première majorité prit plutôt l'allure d'une débandade échevelée. Au point que le chef du gouvernement, pour pouvoir boucler son texte en quatrième lecture, dut quémander à l'Élysée, au bref agacement du président de la République, la convocation du Parlement pour une session extraordinaire de... deux heures et demie. Au point aussi que Michel Rocard sema la société civile en cours de route. Se prenant les pieds dans ses propres amendements, avancés puis retirés au fil des suspensions de séance, le gouvernement s'est trouvé contraint d'autoriser la réintégration des délégués syndicaux licenciés. Il s'est ainsi déporté au-delà de ce qu'avait cru devoir faire, en 1937, le Front populaire en limitant cette décision aux services publics. Lâchant tout, faute de posséder au départ sa propre philosophie, le Premier ministre a généralisé la mesure. Comme en 1981, l'État faisait brutalement irruption au sein de rapports de droit privé. La droite l'avait accepté il y a sept ans, quand l'heure du consensus n'avait pas encore sonné. Au nom d'un rapport de forces. Elle a pu le refuser en 1988. Toujours au nom d'un rapport de forces. Et le Conseil constitutionnel, avec la diplomatique prudence qui caractérise ces pusillanimes vieillards, a partiellement suivi l'opposition. Pour le plus grand soulagement de Michel Rocard.

Rien n'est plus aisé que de multiplier les exemples de cette veine. Et les naïves proclamations consensuelles du chef du gouvernement se félicitant, dans les colonnes du *Monde,* de voir résorbée la double fracture française, sur le rôle de l'Église catholique d'une part, sur le partage de l'argent d'autre part, promet encore quelques situations de franche hilarité. Car si l'affrontement entre l'État et l'Église catholique s'est apaisé, c'est surtout en raison d'un partage des responsabilités imposé par l'usage. La catholicité, insuffisamment à son gré certes, continue d'imposer l'essentiel du code de référence morale édicté par la puissance publique. La véritable séparation ne se produira que le jour où l'État se montrera capable d'assumer la concurrence des religions et de se montrer aussi attentif à l'islam, par exemple, qu'à la chrétienté. Quant à l'argent... Rocard a dû se rendre compte de l'énormité de son propos puisque, fin mai 1988 via *Le Point*, il confirmait l'enterrement de la France laïque mais admettait que « la fracture de l'argent demeure ». Il eût été difficile sinon, de justifier le rétablissement de l'impôt sur la fortune. Une fiscalité au demeurant peu « rocardienne » puisqu'elle touche les cadres supérieurs parisiens possesseurs de leur appartement et d'une résidence secondaire mais épargne les dynasties qui se transmettent des collections d'objets d'art comme tous ceux qui peuvent dissimuler la réalité de leur patrimoine derrière la notion floue à souhait d'outil de travail. C'est donc le salariat qui, une fois de plus, se trouve pénalisé. Assurer une certaine redistribution des richesses par l'héritage n'est plus à la portée des combats que la gauche croit pouvoir mener. La glorification de la notion de génération s'en trouverait-elle affectée?

Cette restauration fiscale est effectuée pour la bonne cause. Il s'agit en effet de permettre à la gauche d'assumer sa traditionnelle fonction d'ambulance sociale en ramassant sur le bord de la route les laissés-pour-compte de la modernisation... et des décisions de Pierre Bérégovoy à l'encontre des chômeurs en fin de droits. Un revenu minimum d'insertion leur sera octroyé s'ils se montrent encore capables de trouver le guichet idoine dans le dédale administratif. Car le texte qui instaure cette mesure, au demeurant souhaitée par l'ensemble des forces politiques, constitue l'un des plus beaux monuments de la « pensée » technocratique française. En l'examinant, les conseillers d'État voyaient, paragraphe après paragraphe, enfler le contentieux qu'ils auraient à arbitrer entre l'État et les départements. Les brillants énarques auteurs du projet de texte se sont surtout souciés de préserver les deniers du budget national d'élus locaux soupçonnés de rapacité et toujours regardés avec méfiance en dépit d'une décentralisation encore partielle. Savoir comment les naufragés des mutations industrielles atteindront la bouée prévue à leur usage ne constituait qu'un problème second. La société politique a heureusement tenté de préserver la société civile des abus de la société administrative.

Sans être obligé pour autant de considérer que notre République est devenue celle des fonctionnaires, on est en droit d'attendre que Michel Rocard, promu chef de gouvernement, se souvienne de ses observations d'hier sur le « caractère stérilisateur et oppressif » de l'administration, sur « la capacité de la grande bourgeoisie à maîtriser à peu près complètement le système et ses filières » et sur « les réflexes de classe qui la caractérisent ». Or, en confiant ce portefeuille ministériel à Michel Durafour, un ancien ministre de Giscard d'Estaing plus enclin à clore confortablement une carrière accidentée qu'à se compliquer la vie avec des dossiers explosifs, le Premier ministre a déjà fourni d'importants éléments de réponse. Cette nomination peut d'ailleurs être rapprochée de celle d'un autre giscardien, Jean-Pierre Soisson, au Travail, à l'Emploi et à la Formation professionnelle. En clair, avec Rocard à Matignon, les socialistes se déchargent sur d'anciens ministres de droite du soin de négocier avec les syndicats. Sans doute les représentants des salariés ne font-ils pas assez « société civile » pour que le gratin gouvernemental perde son temps avec eux. Curieux. Fabius en son temps avait confié ces portefeuilles à deux « mauroÿstes ». Il cherchait à amadouer le PCF. Qui Rocard veut-il séduire?

Il serait ridicule de refuser au Premier ministre et aux pléthoriques légions d'hommes de gauche convertis au pragmatisme gestionnaire le droit d'adapter leurs analyses et d'évoluer dans leur conception de la société. Rien n'est pire que les rigidités intellectuelles. Sauf les girouettes. Surtout lorsqu'elles sont frappées de verbomanie. Et pour certaines des nôtres, parmi les plus voyantes, de « verborragie ». L'étrangeté de la situation présente de tous ces théoriciens de gymnases et révolutionnaires d'amphithéâtres réside justement dans le curieux mutisme qu'ils observent sur le pourquoi de leurs évolutions politiques. Leur seule justification, stéréotypée, relève d'une dialectique primaire aussi vieille que le débat public : ils se sont adaptés à une société qui a changé. Pitoyable argument que ces arrogants donneurs de leçons auraient tous fustigé en termes vengeurs ou ironiques à la première tribune. S'ils n'étaient pas ministres! Voltaire avait déjà balayé ce genre de raisonnement en constatant que si Dieu a fait l'homme à son image, ce dernier le lui a bien rendu. Lorsque Jean-Pierre Soisson dit se sentir aujourd'hui plus proche de Lionel Jospin que de Jean-Claude Gaudin, il suscite immédiatement la question : qui de Soisson ou de Jospin a le plus avancé vers l'autre?

Nos socialistes n'ont plus rien de radical. Ils seraient plutôt devenus radicaux-socialistes. A eux d'assumer à présent la fonction de radis politiques : roses à l'extérieur, blancs à l'intérieur. Et, bien sûr, cette ultime étape de la normalisation d'une gauche qui n'a plus même l'ambition de se doter d'une ambition s'effectue sous la vigilante houlette des professeurs de révolution d'hier. La règle est en effet implacable qui veut que plus on s'est situé catégoriquement à l'extrême de la gauche, plus on assume aisément les dérives opportunistes. Tout simplement parce que, dès l'origine, le discours a été totalement décalé par rapport à la pratique et qu'il a moins exprimé une conviction qu'une tactique de pouvoir.

Comment ne pas s'étonner que le tonitruant Paul Quilès, qui à l'aube du premier septennat mitterrandien voulait imposer au gouvernement Mauroy, jugé trop mou, la fameuse « ligne de Metz », celle du socialisme fabiusien instauré entre le marché et le plan, accepte de siéger à l'Élysée chaque mercredi, sans murmurer, au côté du maire UDF de Metz, Jean-Marie Rausch? Ce doit être la nouvelle « ligne de Metz ».

Comment comprendre que l'exigeante conscience progressiste d'André Laignel, l'auteur de l'impérissable formule « Vous avez juridiquement tort parce que vous êtes politiquement minoritaires », lui permette de jouer les utilités au gouvernement comme secrétaire d'État de Jean-Pierre Soisson? Il a certes ronchonné. Il a même

menacé de donner sa démission. Menacé...
Puis il s'est sacrifié. Pour nous. Merci.

Comment expliquer que le « théoricien »
post-léniniste, façon ENA, du « contrôle
ouvrier » et du « contrôle populaire », Jean-
Pierre Chevènement, ait horripilé ses
camarades en voulant imposer au PS une
seizième thèse sur l'autogestion plus déli-
rante encore que les quinze déjà ratifiées,
mais, devenu en 1984 ministre de l'Éducation nationale, n'ait eu de cesse de pour-
chasser d'une plume hargneuse et de biffer
rageusement le terme d'autonomie dans le
plus petit décret, au fil de la moindre cir-
culaire, soumis à sa signature?

*
* *

Si les gauchistes d'hier ont pu si aisément
devenir les hommes de cabinet d'aujourd'hui, c'est que de « petits télégra-
phistes » se sont, depuis des années,
employés à maintenir un contact. Cette
fonction ils l'ont même institutionnalisée.
Ils se sont constitués en groupuscule afin de
revendre à la sauvette, aux socialistes, les
idées d'autres courants politiques. Le
CERES, rebaptisé au goût du jour « Socialisme et République », qui regroupe au sein
du PS la clientèle de Jean-Pierre Chevènement, s'est fait, tour à tour, le commission-
naire des soixante-huitards, le porteur d'eau

des autogestionnaires et même l'agent de la direction du PCF. Au point que François Mitterrand avait pu, à la tribune d'un congrès socialiste, qualifier ce syndicat de représentants de commerce de « faux parti communiste composé de vrais petits-bourgeois ».

Le CERES ne s'est jamais trompé ni jamais renié. Ses nombreux textes auto-commémoratifs ne cessent de l'affirmer, ce qui constitue une preuve irréfutable. La meilleure illustration en est la vigoureuse dénonciation de la rigueur économique à laquelle Chevènement s'est livré en 1983, après avoir quitté le gouvernement. « La conception sur laquelle est assise la politique économique actuelle n'a rien de particulièrement socialiste », déclarait-il par exemple devant la convention de son parti. Un an plus tard, il était à nouveau ministre dans l'équipe de Laurent Fabius sans que cette politique économique ait changé. Faut-il en conclure qu'à cette date Jean-Pierre Chevènement avait déjà cessé d'être socialiste? Ou alors doit-on comprendre que son arrivée à la tête du ministère de la Défense s'inscrit dans une savante stratégie dont les premiers jalons avaient dû être posés il y a quatre ans, lorsque le chef de file de « l'aile gauche » du PS voulait faire chanter « La Marseillaise » à tous les écoliers de France et de Navarre? Subtil, forcément subtil.

Le voici à présent qui batifole en treillis dans toutes les installations militaires de l'hexagone, s'ébahissant des coûteux joujoux mis avec complaisance à sa disposition par une administration rompue à la manipulation des hommes de gouvernement qui prétendent la diriger. A preuve, les premiers gestes du nouveau ministre de gauche chargé de la défense. Prend-il la parole? C'est pour lire avec application devant les caméras le communiqué, soigneusement dosé par l'état-major, expliquant à propos des sévices qui ont accompagné l'assaut contre la grotte de l'île d'Ouvéa où des gendarmes étaient retenus en otages par des indépendantistes mélanésiens : « Il me paraît un peu trop facile de faire porter le chapeau aux militaires. [...] Je souhaite que [...] les préjugés n'emportent pas des conclusions prématurées et injustes sur la base de témoignages forcément très fragiles. » Une fragilité que le ministre n'ose toutefois pas attribuer à l'origine ethnique des témoins. L'auditeur le fera tout seul. Notre baroudeur de ministre, qui n'a pas oublié qu'il fut lieutenant de l'armée coloniale en Algérie, ne s'est pas contenté de mots. Sa première sortie à été pour rendre hommage à la gendarmerie mobile, actrice de l'opération « Victor » à Ouvéa. Son premier acte a été de s'opposer au garde des Sceaux qui, toujours à propos de l'affaire d'Ouvéa, voulait saisir la justice pour « homicide volontaire » alors que notre ministre de la Défense ne voulait entendre parler que d'homicide « involontaire ». Arpaillange a eu, heureusement, gain de cause. Chevènement s'est trouvé contraint de se désavouer lui-même en admettant, à la suite d'une enquête de commandement, que « des actes contraires à l'honneur militaire » avaient été commis à Ouvéa.

De Lacoste, pendant la guerre d'Algérie, à Hernu, sans oublier Jules Moch et Max Lejeune, il y a longtemps que l'on sait que la fréquentation des uniformes ne réussit pas aux socialistes. Chevènement accomplit au sein du gouvernement la tâche qu'il remplissait auparavant au sein du PS. Il tente de placer la camelote qui lui est refilée par d'autres. Et les états-majors ne manquent pas de fatras. Qu'il s'agisse du destin des officiers français condamnés en Nouvelle-Zélande ou de la volonté de la marine d'imposer la construction de porte-avions superflus, le ministre de la Défense, le petit doigt sur la couture du pantalon, répercute. Il prend un tel plaisir à sa nouvelle fonction qu'il ne tardera certainement plus à mettre en place l'organisation défensive qu'il préconisait naguère lorsque, dans la foulée des premiers mois suivant la victoire électorale de la gauche, il prévoyait de transformer les unités de défense du territoire en « milices actives, régulièrement convoquées pour de brefs exercices à la manière des unités suisses ou israéliennes ». Une militarisation riche en souriantes perspectives pour la « société civile ». Et porteuse sans aucun doute de retombées électorales conséquentes. D'autant qu'un autre théoricien subtil du CERES, Georges Sarre, avait doctement défendu devant une convention du PS, lorsque la « révolution des œillets » battait son plein au Portugal, la thèse du passage au socialisme, en France, par la voie militaire.

A l'évidence, Jean-Pierre Chevènement a, depuis dix ans, ajusté son analyse de la société française. La meilleure preuve en a été donnée par la première grande manifestation qu'il ait cautionnée comme ministre de la Défense. Enfin, ministre c'était vite dit puisque juridiquement il ne l'était plus, l'épisode se situant durant les quelques jours de vacance entre le premier et le second gouvernement Rocard. TF1, pas bégueule, n'avait pas cherché à ergoter. Et pour cause : le ministre prêtait à la chaîne privée le porte-avions *Foch* pour distraire publicitaires et autres sponsors. Le meneur de jeu Yves Mourousi présidait ainsi à une avancée conceptuelle intéressante. Sous les septennats de droite, il utilisait, avec la bénédiction des pouvoirs publics, la première chaîne de télévision pour mettre en scène l'armée. Avec son copain « bléca » François Mitterrand, il utilise l'armée pour assurer la promotion d'une télévision commerciale que les socialistes refusaient, paraît-il, de laisser privatiser.

Quand Jean-Pierre Chevènement écrivait, en 1975, que « la social-démocratie représente la déformation la plus ancienne que le mouvement ouvrier ait subie sous l'influence des classes dominantes », il se considérait indemne de cette flétrissure. Il ne voulait pas être social-démocrate. Trop médiocre. Qu'il se rassure, il ne l'est pas. Trop exigeant. Ce rejeton tardif de Debré et de Déroulède se borne à répercuter en formules simplistes, dictées par un de ses divers collaborateurs issus de l'ex-Gauche prolétarienne, le vieux fonds de la IIIᵉ République promu soudain au rang d'idée neuve. Quand, d'« élitisme républicain » en « Un ministre ça ferme sa gueule ou ça démissionne » sans oublier « La fin de la récréation est sonnée », le projet politique se résume à des slogans, il devient urgent de s'alarmer. De même qu'il ne peut y avoir d'engagement sans éthique, il ne peut exister de politique sans idéologie.

***

Prenons le discours sur les droits de l'homme, « découverte » sur laquelle la « nouvelle philosophie » a basé son succès. Ce ne fut d'abord qu'un phénomène d'édition. Puis, « mieux-disant culturel » avant la lettre oblige, un must médiatique. Dans un premier temps, avec Bernard Langlois notamment, l'action humanitaire conservait une certaine signification sociale, donc politique. Antenne 2 avait d'ailleurs, prudemment, refoulé l'émission « Résistances » en fin de programme, à ces heures tardives où il commence à devenir décent de parler des réalités du monde. Pour désamorcer la charge explosive d'un tel thème, il y avait mieux à faire. Et, une fois de plus, le privé a prouvé sa supériorité sur le service public. TF1 a ramené l'exigence morale au niveau zéro non seulement de la pensée mais aussi de la télévision. Guy Bedos a raison de dénoncer cette forme insidieuse, mais ô combien efficace, de censure qui triomphe actuellement et qui se nomme médiocrité. Bafouillant ou hurlant, le « papa chanteur » Jean-Luc Lahaye s'est fait le relais institutionnel de la charité officielle et tarifée. Sans oublier de se servir au passage puisque sa propre « fondation » devient l'incontournable déversoir des sociétés soucieuses de se glisser au travers des mailles de la réglementation de la publicité sur le petit écran. Espérons simplement que votre Joséphine Baker sans bananes ne laissera pas, l'heure de gloire envolée, les enfants qui servirent à sa notoriété à la charge de l'aide sociale officielle.

Englué dans la promotion des disques, des magazines et des myopathes, le téléspectateur n'a plus ni repère ni hiérarchie. Des pompiers de Paris à l'association antivivisection, de la gendarmerie nationale au douteux protecteur des garçonnets guettés par le trottoir, tout se confond dans le même spectacle ponctué de chèques. Comme l'émission consomme à un rythme trop soutenu les organisations caritatives, on ne tarde guère à glisser dans la mouvance où voisinent charlatans et escrocs, illuminés et vociférateurs. Les micros accueillent passivement n'importe quel discours sans souci de la véracité des propos ni de leurs conséquences. Les élus locaux de Chilly-Mazarin, pour s'en tenir à ce seul exemple, en sont encore mal remis. Parce qu'en juin 1988, Jean-Luc Lahaye a permis à l'un de ses invités de partir en guerre contre un spectacle tauromachique (sans mise à mort) organisé par cette commune, les hordes vengeresses se mobilisèrent. Bilan : des bâtiments dégradés, des fonctionnaires communaux injuriés, des élus molestés, le spectacle annulé et le dédit financier laissé... à la charge des contribuables locaux. Merci, « papa chanteur ». Voilà comment de simples dérives intellectuelles aboutissent en quelques années à ce qui se baptise pudiquement « fait de société » avant d'être transmis, pour étude, à une escouade de sociologues. Glucksmann, Kouchner et consorts, regardez vos enfants et ayez le courage de les reconnaître!

Ah, les « faits de société »! En voilà une trouvaille, une formule qui permet de tout justifier. Surtout l'injustifiable. Ils servent aussi bien à camoufler les échecs qu'à masquer les juteuses combines financières. Il suffit que nos technocrates, qui s'ébattent en liberté au sommet de la structure étatique, aient testé, à nos frais, une idée oiseuse pour que la justification idéologique leur soit apportée, de préférence par la gauche dont l'autorité et la compétence sur ces sujets sont reconnues. Ainsi du Minitel, le nouveau Concorde de la technologie française. L'habillage théorique *a posteriori* fut confié au spécialiste de l'effeuillage intellectuel, notre incontournable B-HL, dans la revue... du ministère des PTT. Nous nous glorifions depuis de nos sous-micro-ordinateurs domestiques comme si la planète entière nous les enviait, mais nous sommes incapables d'en vendre un seul à l'étranger. Pour dissimuler le désastre financier, il a fallu organiser, avec la complicité du pouvoir politique, un savant vide juridique afin de permettre à la prostitution d'envahir les écrans télématiques généreusement distribués sur fonds publics. Et il ne serait pas possible de seulement s'étonner? Pensez donc, oser s'interroger sur cet « espace de liberté », sur cette « nouvelle dimension de convivialité », quelle pudibonderie d'indécrottable archaïque! Rien de tel pour subir les sarcasmes de la presse de la gauche branchée, celle qui comble ses déficits à grands coups de messageries roses et autres petites annonces érotico-commerciales. Nous ne vivons pas seulement le temps de la « soft-idéologie » mais surtout celui du sauve-qui-peut.

Par quel miracle la vie politique serait-elle demeurée à l'abri? Elle a bien dû se mettre au goût du jour et faire place aux bons apôtres de l'humanitarisme à grand spectacle soucieux de notabilité. Jacques Chirac mobilisa une paire de moustaches effrangées derrière laquelle on oublia Claude Malhuret. Cet éphémère secrétariat d'État aux Droits de l'homme provoqua la froide colère de l'homme de pouvoir Bernard **Kouchner**. Son rival, celui à cause de qui il avait fait scission de « Médecins sans frontières » pour créer « Médecins du monde », était ministre. La droite, pour laquelle il savait se montrer compréhensif, venait de lui faire subir un affront personnel. Il prendrait sa revanche. En attendant, Kouchner joignit son rire aigre aux ricanements de la gauche. Ce secrétariat d'État aux Droits de l'homme : un gadget! Aussitôt revenus au pouvoir, les socialistes ont récupéré la formule et le secrétariat d'État est devenu « à l'Action humanitaire ».

Pour paraître dans la fonction, François Mitterrand a recruté Bernard Kouchner. Ce dernier commanda aussitôt quelques vestes supplémentaires assorties au vert de ses yeux et lança une première idée originale : doter la France d'un corps de volontaires pour servir dans le tiers monde. En voilà une idée qu'elle est bonne, se serait exclamé Coluche, cet autre gauchiste reconverti en poisson-pilote mitterrandien. Certes, les « volontaires du progrès » existent depuis des années et sont largement financés par le ministère de la Coopération, mais personne n'est obligé de tout savoir. Et chacun de s'extasier sur la « créativité » permise par l'« ouverture » ainsi réalisée vers la « société civile ». Le peuple, ému et casquette à la main, n'allait pas manquer de remercier le repêcheur de « boat-people » d'abandonner la mer de Chine pour mettre son incomparable dévouement au service de l'hexagone. Étant bien entendu que, comme par le passé, il continuerait d'être flanqué d'équipes de télévision. A quoi ça servirait que Kouchner il se décarcasse si personne ne le savait?

La populace laborieuse ne lit pas *Le Monde*. Elle a tort. Un mois avant l'élection présidentielle, elle aurait découvert une page d'anthologie rédigée par un carré de pontifes de la société civile abusivement présentés comme « de gauche ». Car la gauche ne parvient même plus à imposer ses porte-parole. Elle laisse les médias les lui imposer. En conséquence, elle n'est exprimée que par des hommes qui n'ont avec elle, avec son aventure collective, que des rapports ou anciens ou épisodiques. « La France adulte » que ces quatre auteurs appellent de leurs vœux n'est jamais que la justification de leur propre normalisation. Si, il y a vingt ans, certains d'entre eux ont fait montre d'infantilisme, la France n'y est pour rien. Elle s'est bien gardée de cautionner leurs chimères. Y compris la France de gauche. Le « peuple de gauche » ne s'est rué ni dans les sectes trotskistes ni dans la « nouvelle résistance populaire » maoïste. Il se méfiait du prurit de ces petits-bourgeois en chaleur. Il avait raison. Il n'en a pourtant pas fini avec eux.

Concocté par deux anciens gauchistes de luxe, Bernard Kouchner et Marin Karmitz (devenu éditeur et marchand de films à Paris), ainsi que par deux stars des médias symboles de la gauche caviar, Bernard-Henri Lévy et Alain Minc, le manifeste publié par *Le Monde* annonçait une nouvelle bouleversante. Les signataires allaient voter pour François Mitterrand. Sans état d'âme, ce qui, dans leur cas, relève de l'exploit. La raison de cette adhésion enthousiaste se résume d'une phrase : le maintien de Mitterrand à l'Élysée allait permettre à la gauche de « rompre pour de bon avec ce corpus philosophique et culturel poussiéreux, qui la tenait prisonnière du siècle précédent et que l'on appelait " le socialisme " ». Ils ne proposaient pas de rebaptiser le PS mais la mesure va de soi. Je me permets de leur suggérer, afin de faire la synthèse entre leur passé et leur présent : parti révolutionnaire institutionnel. Je sais que les Mexicains utilisent déjà cette formule, mais ils pourront toujours créer avec eux une Internationale de l'affairisme et de la corruption. Le recrutement sera facile.

A la lumière de cette déclaration de principes, le sens de la présence de Kouchner au sein du gouvernement Rocard devient clair. L'objectif est proclamé. Pour mener à bien la rupture annoncée, l'acte majeur préconisé par les auteurs de l'article consiste à en finir avec « les tabous relatifs à la protection sociale ». Ils « devront désormais disparaître ». *Exit* donc le traitement social du chômage préservé par Philippe Séguin. Muni de tels préceptes, Bernard Kouchner prit son envol électoral. Le chevalier blanc, pardon le chevalier encore vert, entraînant dans son sillage un convoi de caméras, monta immédiatement vers le front du chômage. Alors que ce pauvre Malhuret choisissait de se ressourcer idéologiquement en prenant les eaux à Vichy, les mineurs et les sidérurgistes du Valenciennois allaient pouvoir compter sur lui. Issu du sérail PCF, il saurait leur parler. Que de papillons, sortis comme lui de la nuit communiste, se sont ainsi laissé éblouir par les feux des médias pour finir, les ailes brûlées, lamentablement collés aux projecteurs. Il n'empêche. Pour que nul n'en ignore, Kouchner commenta son choix en termes épiques. Le sous-développement il connaissait. Ses compatriotes « sous-développés » ont apprécié la formule. Modérément. Ils l'ont écouté dénoncer les occupations d'usine par les chômeurs. Ils ont regardé s'agiter la star parisienne. Ils ont levé les yeux vers les ethnologiques objectifs ronronnant autour d'elle pour enregistrer leurs habitudes tribales. Ils ont marmonné en ch'timi et ont voté pour leur député : le communiste. En donnant toutefois un coup de chapeau au socialiste suppléant de Kouchner qu'ils connaissent de longue date et dont ils apprécient l'action. Grâce à ce geste de reconnaissance, le secrétaire d'État n'a pas été ridicule. Mathématiquement.

Il eût été raisonnable et prudent d'en rester là. Le temps aurait jeté un voile pudique sur cette fausse couche d'épopée. Tout le monde aurait oublié que le charisme du patron de « Médecins du monde » était, électoralement parlant, négatif. C'était mal connaître Bernard Kouchner. C'est un homme de principes. Puisque dans cette vingtième circonscription du Nord la droite n'obtient pas suffisamment de suffrages pour se maintenir au second tour, il allait préserver la démocratie en laissant un choix aux électeurs entre le PCF et lui. Les soirées électorales des grands médias audiovisuels retransmettent l'original raisonnement. N'est-il pas tout bonnement scandaleux que personne n'y ait pensé avant notre secrétaire d'État chargé de l'action humanitaire? Toujours friands de nouveautés susceptibles de revivifier notre morne démocratie, *Libé* et *L'Edj* (comprenez, pour les non-branchés, le quotidien

Libération et l'hebdomadaire *L'Événement du Jeudi*) font chorus. D'ailleurs, en y réfléchissant, n'est-ce pas ainsi que, des décennies durant, la SFIO tenta de survivre? En faisant élire ses candidats tantôt par le PCF contre la droite et tantôt par la droite contre le PCF, au gré des opportunités locales. Archaïsme quand tu nous tiens.

A Raismes, pays où fut creusé, au XVIIIe siècle, le premier puits de charbon, se confondent les traditions minière et communiste. La solidarité a un sens. Pas le même que celui qui est donné au mot sur les plateaux de télévision. L'une des dimensions de cette solidarité consiste à demeurer, coûte que coûte, fidèle à sa famille, à sa classe. On peut s'étriper entre socialistes et communistes et on ne s'en prive pas depuis plus d'un demi-siècle, mais on ne trahit pas. On ne laisse pas « les autres » arbitrer le conflit. Les pirates de la mer de Chine possèdent sans doute aussi une culture originale et séculaire. Elle non plus n'intéresse personne. Ce sont les méchants. Comme la vieille gauche du Valenciennois. Elle a envoyé par le fond notre dévoué secrétaire d'État. A Vichy comme à Raismes, les électeurs ont boudé les deux greffons médicalo-humanitaires. Ingrate société civile qui ne sait pas reconnaître et honorer ses plus beaux fleurons.

Vendredi 1974 Janvier

JANVIER

L	M	M	J	V	S	D
	1	2	3	4	5	6
7	8	9	10	11	12	13
14	15	16	17	18	19	20
21	22	23	24	25	26	27
28	29	30	31			

FEVRIER

L	M	M	J	V	S	D
				1	2	3
4	5	6	7	8	9	10
11	12	13	14	15	16	17
18	19	20	21	22	23	24
25	26	27	28			

18

3e sem.

Se PRISCA

18-347

☉ lever 7 h 39, coucher 16 h 23, ● le 23

VENDREDI 18 JANVIER   Demain : S. MARIUS

Refusant d'admettre le réel, Bernard Kouchner continue d'affirmer qu'il a été précipité dans un piège. Bien sûr, la vingtième circonscription du Nord est ancrée à gauche mais n'est pas garantie à un socialiste compte tenu de l'ancienneté de l'implantation communiste. Vedette des médias, membre du gouvernement et ancien du PCF, Kouchner avait en main, en principe, tous les éléments pour remonter son handicap de départ. Si l'appel à des personnalités extérieures n'élargit pas la zone d'influence du PS, comment justifier qu'il s'efface? Parler de piège parce que, dans cette circonscription, les communistes viennent encore en tête de la gauche, c'est ignorer comment le PS a réussi sa conquête du pays. Ce jugement péremptoire prend un aspect méprisant pour tous les socialistes anonymes qui depuis quinze ans ont, canton après canton, grignoté le terrain du PCF. C'est avouer qu'une circonscription ne devient digne d'une figure emblématique de la société civile que si un âne coiffé marqué PS est sûr d'y être élu sans faire campagne. Les socialistes se sont montrés bien naïfs en pensant que l'aura du « bon docteur » leur drainerait des suffrages. Ont-ils oublié qu'en 1981, en compagnie d'un autre séraphin de la société civile, André Glucksmann, il avait soutenu la candidature à l'Élysée de l'ex-chiraquienne Marie-France Garaud. Résultat : 1,33 % des voix!

Pendant les quelques jours qui suivirent le naufrage du patron de « Médecins du monde », l'entourage du Président se mit en quête d'un point de chute afin de recaser la malheureuse victime. Il est en effet devenu de règle dans la République que le fait de se mettre à son service soit considéré non comme un honneur mais comme un sacrifice ouvrant droit à réparation. Les grandes organisations non gouvernementales, fleurons du monde associatif, furent donc sollicitées. Disposaient-elles ou pouvaient-elles rapidement libérer un poste de direction? A la condition toutefois que le titulaire se voie verser chaque mois plusieurs dizaines de milliers de francs et dispose d'une voiture et d'un chauffeur. Restons humains. Sans doute faute d'avoir trouvé cette perle rare, Bernard Kouchner fut réembauché dans la seconde équipe Rocard. Comme il l'écrit avec la délicate modestie qui constitue l'un de ses charmes : « C'est parce qu'il aurait été trop dommageable pour le gouvernement, la majorité à conquérir et pour cette France ouverte et dynamique à laquelle j'aspire que je ne me suis pas retiré du gouvernement! » Les autres représentants de la société civile laissés pour compte du suffrage universel ont suivi l'exemple. On ne peut pas dire qu'ils hésitaient à se retirer. Ils ont plutôt fait des pieds et des mains pour rester, tirant les sonnettes des uns, harcelant les autres au téléphone. François Doubin, aussi glorieux à la tête des radicaux de gauche qu'il le fut à la régie Renault, s'était même installé, dès le lendemain de son échec, sur le trottoir du siège du PS pour attendre l'ouverture des bureaux. Chaque arrivant, du chauffeur au premier secrétaire, avait droit au numéro du mendiant de maroquin.

***

Les météores de la société civile bénéficient de circonstances atténuantes. S'ils peuvent croire qu'un mandat de député s'obtient de la faveur du Prince et non du choix des citoyens, c'est que l'entourage présidentiel est le premier à donner le plus déplorable des exemples. Lorsque Georges Pompidou, alors Premier ministre, dépêchait les jeunes énarques de son cabinet sur le terrain électoral, c'était pour y mener bataille et non pour se faire concéder un mandat. De nos jours, les élites gouvernementales vont au peuple comme les dames patronnesses visitent leurs pauvres. Elles ne peuvent se hasarder que là où elles ne risquent pas de crotter leurs chausses. Là où nul mauvais coup ne risque de perturber

le bon déroulement de leur plan de carrière. Même élues d'un terroir où elles se
sont présentées la main sur le cœur et la
bouche en cul de poule, jurant d'y demeurer par fidélité aux mânes d'une vieille
parente exhumée pour l'occasion, elles s'en
échappent à la première menace. Le léotar-
dien triomphant Hervé de Charette fuit la
Nièvre d'où, deux mois auparavant, il devait
bouter Bérégovoy. Le socialiste professeur
d'économie Christian Goux, hier marxiste
doctrinal, aujourd'hui recentré, tente maladroitement de se récupérer dans l'Eure,
abandonnant un Var où son absence ne se
remarquera pas plus que sa présence. A
contrecœur, nos notabilités parisiennes
consentent à déroger aux vieux usages en
faisant chichement offrande d'une parcelle
de leur précieux temps. Puisque la mytho-
logie démocratique prétend que le suffrage
universel confère l'onction sans laquelle il
ne saurait exister de véritable gouvernant,
plions-nous à la corvée. Les scènes qui en
résultent ne sont dignes pour personne. Pas
plus pour un Jack Lang s'appliquant cons-
ciencieusement à toucher le cul des vaches
du Loir-et-Cher, que pour un Édouard
Balladur trinquant aux zincs du XVe arron-
dissement. Les cafés parisiens ne valent pas
les ors restaurés du Louvre, à grands frais
et en pure perte, pour la seule gloriole bal-

ladurienne, mais quel sentiment exotique de découverte!

« Vous n'imaginez pas, chère, du formica. Si, si, je vous assure, c'était d'un kitsch!

— Arrêtez, Édouârd. Vous êtes impayâble. Vous nous faites hûûrler de rire. »

Ah! les merveilleux dîners parisiens que ces plongées en « France profonde » permettent. Que d'anecdotes irrésistibles sur d'étranges rites. Vous croyez que j'en rajoute, que je tire à la ligne? Je vous promets que la réalité est pire que ce que vous n'osez imaginer. Revenant il y a peu de Vézelay à bord de l'autorail qui musarde sur la voie unique du Morvan, je me suis trouvé seul passager en compagnie de deux hauts fonctionnaires du ministre de la Culture. Lui, petites lunettes cerclées, chevelure soigneusement ondulée et voix haut perchée. Elle, plus discrète, plus fine aussi. Il détaillait sans aménité les braves prolos en retraite enfin occupés à entretenir leur jardinet en bordure de voie. S'extasiant, il emploie dans la même phrase les termes « indigène » et « typique ». La monstruosité du propos résonnant dans le compartiment de première est telle qu'il est suivi d'un temps de silence gêné. Après un coup d'œil dans ma direction, il conclut pour sa compagne : « Mais ils ont l'air tellement sympathiques. »

Une opinion sans doute partagée par ceux des collaborateurs de François Mitterrand qui, après sept années à l'Élysée, pensèrent bénéficier de ce qui devait être une nouvelle « vague rose » pour devenir députés et, dans la foulée, ils n'en doutaient pas, membres du gouvernement. Le ressac de juin 1988 en a laissé plusieurs sur la grève, dont l'ex-directeur et l'ex-chef du cabinet du président de la République. Ce dernier, après des années d'activité militante à Issy-les-Moulineaux, désespérant de persuader suffisamment d'électeurs de son grand talent, décida d'émigrer vers Tarbes. La splendeur de ses fonctions devait suffire à convaincre les plus réticents du sacrifice qu'il consentait en faveur de peuplades si éloignées de la capitale. Accueilli en patois par le maire d'un des villages de « sa » circonscription des Hautes-Pyrénées, Jean Glavany demeura coi. Puis il appela au secours. Son échec serait celui du Président, excusez du peu. Toujours est-il que les « gloires » du PS se crurent obligées de venir le soutenir : Mauroy, Fabius, Jospin, Lang, Chevènement, Nallet, Emmanuelli... excusez encore du peu. Les militants du PS n'en firent qu'à leur tête et les électeurs plus encore. Ils conservèrent leur fidélité au maire socialiste de Vic-en-Bigorre. Et, au second tour, trop heureux, le PCF abonda dans le même sens. Voilà comment un caprice d'enfant gâté élyséen ruine le travail de socialistes militants. Et voilà comment la courtisanerie des dirigeants du PS à l'égard du Président leur interdit de mettre un terme aux dérives abusives d'ambitions personnelles.

Plus habile aura été la tactique d'un autre collaborateur du chef de l'État, Michel Françaix, qui, en accueillant Lionel Stoléru dans la circonscription de l'Oise visée et en devenant son suppléant, faisait d'une pierre deux coups : retirer au Président une des épines de « l'ouverture » tout en s'assurant un siège à l'Assemblée nationale. Plus courageuse s'est montrée Ségolène Royal, ramassant en fin de distribution par les instances du PS une circonscription des Deux-Sèvres dont personne ne voulait. Les Deux-Sèvres, où est-ce? Enfin, dont personne ne voulait à Paris. Car, sur place, des candidatures à la candidature existaient.

Les spadassins de la gauche caviar s'irritent facilement des épreuves que la démocratie prétend leur imposer lorsqu'ils se décident à faire à la République le don de leur personne. A l'exemple de leur maître Laurent Fabius qui élimina en son temps un prolo pour récupérer la circonscription sur mesure qu'il convoitait, les impératifs de carrière passent avant toute autre considération. Un Arabe de la seconde génération, un beur donc, est-il en situation de devenir député socialiste en Seine-Saint-Denis? Quel fantastique symbole! Bien sûr tout l'appareillage du PS va se mobiliser pour l'aider à gagner cette bataille exemplaire. Vous n'y pensez pas. A la trappe le beur, il faut laisser la place à Henri Weber, fidèle résident des quartiers chics de la rive gauche et nouveau converti aux charmes de l'électoralisme petit-bourgeois.

Si, soucieuse de sauvegarder à la marge les intérêts partisans dont elle est gérante, la direction du PS n'avait pas mis le holà, les militants socialistes locaux auraient souffert bien davantage. L'ouverture élyséenne exprimée par Michel Charasse et les autres principaux collaborateurs du chef de l'État ne connaissait pas de limite. A croire que François Mitterrand, lecteur plus fidèle de *L'Aurore* que de *L'Humanité*, avait oublié que le Premier ministre comme le premier secrétaire du PS sont, parmi d'autres, élus au second tour par les suffrages communistes. Les centristes les plus béatement atlantistes comme Georges Mesmin, ou les gaullistes les plus réactionnaires comme Yves Lancien, étaient proposés à la mansuétude socialiste. Lisant pour ses collègues du secrétariat du PS les propositions d'une présidence de la République pourtant censée se tenir au-dessus de ces viles contingences, Louis Mermaz n'avait que son ironie naturelle pour faire passer la pilule. Après tout, Mitterrand ne devait pas avoir tort. Ni les socialistes ni les communistes n'ont eu le courage, lors du dernier scrutin législatif, de se présenter clairement pour ce qu'ils sont. Les premiers arboraient la peu glorieuse étiquette de « majorité présidentielle » et les seconds l'ambiguë formule de « rassemblement des forces de gauche ».

* * *

Étrange, cette incapacité à dire qui on est. Elle n'est qu'une des conséquences de la cavalcade derrière la notion de consensus à laquelle nous assistons depuis qu'a sonné l'heure de la cohabitation. Ainsi s'illustre la confusion actuelle de notre vie politique. Tout semble devoir se passer comme s'il n'existait plus d'adversaires, comme si la démocratie n'était pas la coexistence de forces antagonistes, ce qui ne leur interdit ni de se reconnaître ni de se respecter. Les partis d'opposition, les forces protestataires organisées constituent pourtant un rempart pour la paix civile. En l'absence de leur médiation, ce n'est pas l'affrontement qui disparaît, c'est au contraire la violence à l'état brut qui menace. Certains consensus ne sont d'ailleurs que le masque d'une abdication ou d'un manque d'idées neuves. Ils ne renforcent pas la société mais témoignent d'une forme de régression. Chez nous, nombre de ces accords apparemment conviviaux résultent simplement de l'absence de véritable choix offert aux responsables politiques. Dépendants du monopole d'expertise détenu par les « grands corps » de l'État et les administrations centrales, nos excellences accomplissent les gestes programmés par d'autres. Du pouvoir ils n'ont que les signes extérieurs de richesse.

L'utilisation de la notion de consensus avant l'élection présidentielle, de celle de recentrage après, correspond à la démarche inchangée des élites dirigeantes qui tendent à ramener les diverses équipes gouvernementales dans le moule des tropismes administratifs. Dès lors, le hiatus avec les préoccupations quotidiennes des citoyens s'accentue et l'incompréhension mutuelle s'aggrave. Prenez la proposition du Front national de supprimer l'impôt sur les revenus. Ce n'était pas la première fois que cette suggestion était avancée. Michel Jobert l'avait déjà préconisée il y a quelques années. Après tout, n'était-ce pas l'occasion d'une

discussion sur les structures, particulièrement inégalitaires, de la fiscalité française?
Pas question. Les « experts » du RPR, de
l'UDF et du PS ont, comme un seul homme,
récusé au nom de leur « compétence » le
cheval de bataille de l'extrême droite.
Inepte, pas sérieux. N'aurait-il pas été plus
loyal de signaler que tous ces experts
viennent de l'administration des Finances?
Chacun aurait mieux compris alors que la
confrontation changeait de nature.

Vous, les baskets, si sensibles à la protection de la nature et aux risques de pollution,
avez-vous remarqué un changement des
pratiques lorsque la ville de Tours s'est
trouvée privée d'eau à la suite de la conta-
mination de la Loire par la firme Protex?
Ni les citoyens ni les associations n'ont eu
accès aux résultats des analyses effectuées
par la préfecture. Le mutisme est demeuré
la sacro-sainte règle de conduite des pouvoirs publics. Et pourtant Brice Lalonde
était ministre, ou plus exactement secrétaire d'État auprès du Premier ministre
chargé de l'Environnement. Inerte face au
premier dossier significatif, que fera-t-il
bouger demain? Rien. La France de la
deuxième gauche, celle des anciens PSU, le
gouvernement de l'écolo Brice Lalonde sont
menacés de boycott par les braves sociaux-
démocrates poussifs de l'Europe du Nord,

furieux, à juste titre, que nous ayons dénoncé en juillet 1988 l'accord intervenu entre les ministres européens de l'Environnement en vue de réduire les émissions polluantes des voitures de moins de 1 400 centimètres cubes de cylindrée. On ne peut plaire à la fois à Jacques Calvet, président de PSA, et à nos partenaires. Comme d'habitude, la courte vue l'a emporté. Le lobbyste patron de Peugeot, expert en corridors ministériels puisqu'il a fréquenté onze années durant les cabinets de la droite gouvernante, a fait prévaloir son point de vue. Les ministres se sont couchés. Si demain nos exportations de voitures baissent en Europe, ils accuseront bien sûr la « conjoncture ».

Brice Lalonde est un homme de convictions. De convictions changeantes. Il l'avait déjà prouvé à propos du centre d'expérimentation nucléaire du Pacifique Sud. Il y a quinze ans, il voguait aux côtés de Jean-Jacques Servan-Schreiber et du général de Bollardière vers Mururoa pour dénoncer à la face du monde « la folle entreprise nucléaire », estimant que le problème posé pour la poursuite des essais était, pour nous Français, « le plus élevé qui soit ». Il n'existait, à l'en croire, aucun moyen de savoir avec certitude si les expérimentations n'entraînaient, comme l'affirment les autorités militaires et gouvernementales, aucun danger. Depuis que la gauche gouverne et lui a permis d'aller faire trempette dans les lagons polynésiens, Brice Lalonde n'a plus d'objection. Et comme il n'a plus d'objection, il peut siéger au gouvernement. Un homme de convictions donc, mais également de caractère.

La notion de « société civile » se prête décidément à tous ces amalgames. Elle constituait, en 1979, au congrès socialiste de Metz, l'une des références originales des minoritaires de l'époque, Pierre Mauroy et Michel Rocard, face à l'orthodoxie étatique de François Mitterrand et des siens. Il s'agissait, au-delà du carcan des lois, décrets, règlements et fonctionnaires, de permettre l'expression des désirs et des aspirations des citoyens, de favoriser leur capacité d'initiative et d'action. Les deux dirigeants socialistes, parvenus à Matignon, ont traduit leur souci par une même formule : « Gouverner autrement. » Pierre Mauroy, en 1982, dans un article publié par *Le Monde*. Michel Rocard, six ans plus tard, en usant du *Journal officiel*. Le choix des supports est déjà à lui seul tout un symbole. Il est clair que cette formule utilisée par deux chefs de gouvernement socialistes ne recouvre pas la même réalité politique. Le premier « gouverner autrement » invitait au dialogue, par le biais d'un de ses principaux organes de débat, la si célébrée aujourd'hui société civile. Le « gouverner autrement *bis* » impose une norme réglementaire de plus à la société du « tout-État ».

Dans les deux cas une même question essentielle est posée : l'efficacité du travail gouvernemental. Un sujet qui, en France, mériterait une réflexion approfondie. La croissance incontrôlée des effectifs ministériels pourrait constituer le premier pôle d'intérêt. Dans la nomination des membres du gouvernement, Mitterrand et Rocard viennent de s'arrêter au seuil des cinquante. Sans doute par crainte de devoir, en intronisant une excellence de plus, créer un comité d'entreprise au sein de l'équipe ministérielle. Or, rien n'assure que les normes de sécurité et d'hygiène y soient respectées. Les sous-ministres de tous acabits, qu'ils aient rang de secrétaire d'État ou de ministre délégué, sont perçus par leur ministre de tutelle comme des indésirables et relégués, à ce titre, dans le plus inaccessible des placards à balais.

Derrière ces métastases gouvernementales se dissimule un morcellement administratif qui va de pair avec une institutionnalisation des groupes de pression au cœur des arbitrages politiques. Un ministre (qu'il soit d'État, « normal », délégué ou simple

secrétaire d'État ne change rien au raisonnement) qui se trouve placé en charge d'une
couche sociale ou professionnelle étroite
ne peut exister qu'en répercutant le discours de cette catégorie. Il ne dispose d'aucune distance donc d'aucune liberté de
manœuvre. Prenons un exemple : le responsable de la consommation ne peut que
répercuter les revendications des consom-
mateurs, celui du commerce et de l'artisa-
nat exprimer la France boutiquière et celui
du commerce extérieur plaider pour les
exportateurs. En revanche, un ministre qui
regrouperait sous son autorité l'ensemble
des fonctions et des dimensions du
commerce, ayant à arbitrer entre des intérêts contradictoires, retrouverait une marge
de liberté et d'initiative. Sans doute serait-
ce, pour les chantres de la société civile,
accorder trop de pouvoir à la société politique. Mieux vaut le système actuel qui
abandonne la gestion publique aux
membres de féodalités administratives
directement liées aux milieux financiers ou
industriels, où s'accomplissent les épisodes
les mieux rémunérés de leur cursus profes-
sionnel.

Tandis que les lobbies s'ancrent ainsi au
sommet du pouvoir, l'éparpillement des
responsabilités ministérielles (une demi-
douzaine d'excellences sur le seul secteur

social dans le gouvernement Rocard!) entraîne une lutte de pouvoir implacable entre ministres et, dans ce jeu des chaises musicales, les vaincus, dépourvus de moyens administratifs et budgétaires, n'ont plus pour exister que la parole. Ils en ont déjà usé et abusé au détriment de la communication gouvernementale. Véronique Neiertz, chargée de la Consommation, fait favorablement écho au vœu des grands distributeurs d'avoir accès à la publicité télévisée. Pour réaliser une immédiate marche arrière après avoir été tancée pour cette embardée sur les terres du responsable de la Communication. Roger Fauroux, ministre de l'Industrie, accorde aux syndicats un sursis pour des emplois dans la construction navale que Jacques Chérèque, délégué auprès de lui pour l'Aménagement du territoire et les Reconversions, venait de supprimer. Michel Durafour, ministre – de droite – de la Fonction publique, annonce la suppression de l'amendement Lamassoure imposé par la majorité – de droite – précédente et qui permet de retenir une journée entière de salaire pour toute grève de fonctionnaires, même de quelques minutes. Michel Rocard, Premier ministre – de gauche –, annule la mesure. La vague d'accidents de la route durant l'été 1988 offre au secrétaire d'État Georges Sarre,

superviseur de la Prévention routière, l'occasion de venir à la télévision proposer son
petit cours de morale civique. Manque de
chance, il est immédiatement contré sur le
créneau par Michel Gillibert, lui aussi secrétaire d'État mais des Handicapés et des
Accidentés de la vie *(sic)*. Enfin, le ministre
des Transports, Michel Delebarre, vient lui
aussi placer son grain de sel. Les malheureux ministres sont-ils les premiers responsables?

Certes, l'actuel Premier ministre est
maire de Conflans-Sainte-Honorine qui,
comme chacun sait, se trouve être la capitale de la batellerie. Il devenait en conséquence indispensable d'élever les voies
d'eau au rang de département ministériel.
Même si cette promotion administrative
d'un problème ponctuel ou conjoncturel
conduit ladite administration, par une
pesanteur naturelle, par souci d'auto-jus-
tification, à produire non seulement de la
réglementation mais aussi de la revendication. Le titulaire de ce nouveau portefeuille a été choisi avec soin. Confier cette
charge à Georges Sarre constitue ou un
trait d'humour – trop rare en politique pour
ne pas être salué – ou l'une des plus éblouis-
santes avancées de ce XXe siècle en matière
institutionnelle.

Michel Rocard semblant prendre très au

sérieux son actuelle mission, la seconde hypothèse doit être la bonne. Quelle équipe ministérielle n'a pas, en effet, souffert de voies d'eau? Tout gouvernement finit immanquablement par subir pareille avarie. Qu'un ministre se voie confier la tâche exclusive d'écoper constitue une trouvaille qui aurait dû assurer Michel Rocard d'entrer pour l'éternité dans les traités de science politique, voire les manuels de droit constitutionnel. D'autant que, pour inaugurer la fonction, il avait su faire appel à une personnalité compétente. Pour les déclarations à contretemps et les truismes, Georges Sarre ne craint personne. Il fait même, à ce titre, le bonheur nostalgique de Jacques Chirac au Conseil de Paris. Il est d'ailleurs généreux de la part des socialistes d'avoir laissé au malheureux rival de François Mitterrand, à titre de consolation, son punching-ball attitré. Le chef du gouvernement, pour choisir son spécialiste des voies d'eau, aurait pourtant pu hésiter. Peut-être l'a-t-il fait. Si les services de Charles Hernu, spécialiste breveté, décoré de la médaille commémorative « Greenpeace », semblaient devoir lui faire défaut au nom du mensonge d'État, il compte néanmoins dans ses effectifs un autre expert patenté : Paul Quilès, l'ardent robespierriste naufrageur du *Matin de Paris*.

L'esquif Rocard n'a pas attendu un mois pour tester l'ingénieux dispositif imaginé par son capitaine. Hélas, Georges Sarre s'est révélé inopérant. Le Premier ministre a dû se mettre lui-même aux pompes. Embarqués sous la bannière de la société civile afin de compléter un équipage dont le recrutement se révélait plus difficile que prévu, le garde des Sceaux, ministre de la Justice, Pierre Arpaillange, et le ministre délégué auprès du ministre de la Solidarité, de la Santé et de la Protection sociale, chargé de la Santé (ouf!), Léon Schwartzenberg, ont courageusement permis de tenter les premières expériences. Ils ont naïvement cru, étant membres du gouvernement, qu'ils pouvaient gouverner. Funeste erreur. Inexplicable au demeurant de la part d'un haut magistrat qui, ayant accompli toute sa carrière dans les bureaux de la chancellerie place Vendôme, n'ignore rien des us et coutumes et ne peut continuer de croire que la justice soit libre de toute tutelle partisane.

Je n'oublie pas que l'ancien secrétaire général du parti gaulliste, René Tomasini, s'était attiré les foudres de tous les bien-pensants en dénonçant la « lâcheté » des magistrats. Et pourtant, chacun sait bien que la justice française n'a jamais brillé ni par son courage ni par sa capacité à faire face aux ukases politiques. Elle vient encore, avec les alternances à répétition de ces dernières années, d'en offrir de nouveaux et abondants exemples : le retour en toute impunité de Walid Gordji en Iran notamment, ou le prudent renvoi après l'élection présidentielle des décisions concernant l'affaire du « Carrefour du développement », ou les entraves dressées lorsqu'un juge d'instruction a voulu vérifier les rentrées bancaires du maître Michel Droit soupçonné d'ingérence. Il aura, curieusement, suffi que François Mitterrand demeure à l'Élysée pour que les magistrats changent de point de vue et redonnent un feu vert à cette dernière instruction. Si l'on fustige de temps à autre l'aveuglement partisan des « juges rouges », que dire des magistrats, beaucoup plus nombreux, qui préfèrent le brouet de l'extrême droite? La présidente du tribunal de Compiègne peut ainsi se permettre d'annuler les voix recueillies par deux candidats socialistes pour de simples raisons de mise en page de leurs bulletins de vote. Tel autre magistrat, à La Réunion, peut, pour un même délit d'ingérence, sanctionner modérément un homme de droite de manière à lui permettre de bénéficier de la loi d'amnistie mais infliger dix-huit mois à un ancien député socialiste afin qu'il y échappe et ne puisse être blanchi que par la grâce présidentielle.

Avec l'époustouflant courage qui la caractérise, la justice vient de se pencher sur les comptes d'Edgar Faure. Elle n'a fait qu'attendre sa mort. Le vice-président du Sénat, Étienne Dailly, peut donc continuer à dormir tranquille. Paris continuera de babiller sur ses curieuses pratiques mais tout ceci ne quittera pas les salons pour les prétoires. Pendant plus de trente ans, l'art avec lequel Edgar Faure gérait simultanément ses intérêts et ceux des collectivités qu'il dirigeait a été un sujet de plaisanteries pour dîners languissants. Guy Mollet, qui lui avait succédé à Matignon en 1956, racontait qu'il avait donné comme première consigne à ses collaborateurs de bien secouer les dossiers qu'ils traiteraient afin de vérifier que des billets de banque n'y demeuraient pas coincés. Tout cela restera d'autant plus facilement un simple divertissement mondain, que, dans le cadre de la dernière loi d'amnistie, l'ensemble des parlementaires est tombé d'accord pour passer par profits (oh que oui!) et pertes les délits commis « en relation avec le financement direct ou indirect de campagnes électorales ou de partis politiques » s'ils se sont produits avant la loi du 11 mars 1988 sur le financement des partis. Merci, mon Dieu. Et pour le spécialiste en « marketing politique » Thierry Saussez, impliqué dans le dossier Edgar Faure, l'obligation d'allumer un cierge spécial en l'honneur de Notre-Dame de l'Assemblée nationale.

Inexplicable également l'erreur commise par un médecin qui avait su, cinq ans auparavant, poser en termes simples et vrais le dilemme de la gauche : « Peut-être que l'esprit de gauche n'est qu'une revendication permanente, une exigence morale. L'exercice du pouvoir ne lui convient pas puisque tout gouvernement de gauche arrivé au pouvoir ou bien demeure à gauche mais perd le pouvoir, ou bien demeure au pouvoir mais vire à droite. La gauche n'est à l'aise, elle n'est peut-être complètement elle-même que dans l'opposition. » Une manière de « parler vrai » qui ne peut qu'être insupportable aux délicates oreilles du supplétif de mai 68 devenu premier ministre de la France, tandis qu'Alain Geismar se glisse, avec un profond soupir de soulagement, dans les habits de notable en devenant directeur adjoint du cabinet du secrétaire d'État auprès du Travail, chargé de la formation professionnelle.

Michel Rocard, dont toute la gestion de carrière a reposé sur le contournement des appareils politiques à partir des médias, dénie aux autres le droit d'user d'une méthode qui a fait son succès personnel. Dans sa note de service délicatement transmise aux ministres par le biais du *Journal officiel,* il proclame, en bon adjudant-chef, l'aussi vieille que vaine consigne : « Je ne veux voir qu'une seule tête. » A croire qu'aucune réminiscence de sa longue aventure au PSU, et pas davantage de sa propre manière d'exister au sein du PS, ne l'effleure. Les faits sont têtus, ils n'ont pas tardé à se rappeler au bon souvenir du Premier ministre et n'ont pas fini de le faire. Ce caporalisme inefficace est au demeurant contradictoire. Le chef du gouvernement somme ses ministres mais il implore un militaire censé être aux ordres. Au nom de « l'honneur de la France » — qui en a pourtant vu d'autres — il reçoit longuement le lieutenant-colonel Mafart, maladroit James Bond de la pitoyable équipée des services secrets contre le *Rainbow Warrior,* afin de lui demander de bien vouloir réintégrer l'atoll polynésien de Hao où l'a jeté la justice néo-zélandaise tempérée par l'ONU et dont l'a prématurément tiré l'ambition électorale de Jacques Chirac. Comme quoi la société civile demeure moins bien traitée que son homologue militaire. A moins que la seconde soit plus crainte que la première. L'aveu serait encore plus grave.

Respecter réellement la société civile ne

consisterait-il pas, au contraire, à nourrir ses réflexions et à organiser le nécessaire échange avec les gouvernants? Dès lors, l'inconvénient sur lequel bute, après bien d'autres, Michel Rocard, pourrait être transformé en avantage. A condition de distinguer clairement l'intervention ministérielle individuelle qui témoigne d'une réflexion et participe de l'indispensable débat d'idées au sein du pays, de l'annonce de décisions ou de l'attitude publique face à des arbitrages gouvernementaux qui doivent, bien sûr, être régis par la discipline de la solidarité ministérielle. Paradoxalement, c'est donc au moment où il est fait un usage politique sans retenue de la société civile que sont le plus fermement refusées les formes, inévitablement fragiles et parfois ambiguës, d'un dialogue, d'une dialectique, entre elle et les gouvernants.

Bien sûr, le garde des Sceaux aurait dû, avant d'arrêter des mesures réglementaires, informer de son intention ses supérieurs hiérarchiques à Matignon comme à l'Élysée. La gauche a cependant révélé l'ampleur catastrophique de sa régression idéologique en refusant d'assumer une décision aussi anodine que le fait de suspendre l'isolement carcéral de quelques détenus : une mesure qui se bornait à mettre un terme à un détournement de la règle, à un abus de droit. En effet, l'isolement ne peut être décidé que pour une durée de trois mois. Il est vrai, renouvelable. Était-il pour autant conforme à l'esprit du texte que neuf détenus soient isolés depuis plus d'un an et deux autres depuis deux ans? Qu'au lendemain d'un scrutin qui constitue un cinglant échec pour le RPR, la gauche ne puisse faire face au premier froncement de sourcils de Jacques Toubon en dit long sur son piteux état. Si, en 1988, elle n'ose plus justifier, en vertu de considérations humanitaires internationalement reconnues par les démocraties et revendiquées par la Ligue des Droits de l'homme et Amnesty international, de placer deux terroristes dans la même cellule, cela signifie qu'elle serait bien incapable aujourd'hui d'abolir la peine de mort.

Bien sûr, le professeur Léon Schwartzenberg aurait pu se montrer plus économe en prestations télévisées durant sa semaine de présence au gouvernement. N'était-il pas cependant entré dans cette équipe à cause de ses talents de tribun? Le placer techniquement sous la coupe d'un rocardien inconnu, Claude Evin, qui plus est porte-parole du gouvernement (comme si son énorme portefeuille social ne suffisait pas à employer ses jours), revenait à poser dès l'origine tous les termes d'un inévitable conflit. Découvrir son ministre délégué pérorant sur l'écran cathodique ne pouvait que susciter une envie de meurtre chez son supérieur hiérarchique. Le premier chemin creux s'est révélé propice à l'exécution sans autre forme de procès. Instrument de ce bas règlement de comptes, Michel Rocard a préféré se l'épingler sur la poitrine comme un audacieux témoignage d'autorité. Jacques Chirac avant lui, en débarquant dans les mêmes délais l'encombrant Jean-Jacques Servan-Schreiber, s'était taillé à vil prix une éphémère gloriole. Elle n'a pas masqué les insuffisances du parcours du chef de gouvernement.

Il aura donc suffi que le petit camarade, fidèle entre les fidèles du clan du Premier ministre, vienne geindre à Matignon pour que la France enterre, avant même de le poser, un nécessaire débat sur la toxicomanie. Une réflexion conduite aussi bien aux États-Unis qu'aux Pays-Bas. Et vive la société civile, n'est-ce pas? Ou Michel Rocard ignorait tout de la carrière de Léon Schwartzenberg avant de le nommer ministre, et notamment les nombreuses réprimandes du Conseil de l'ordre des médecins que sa liberté de parole a values au célèbre hématologiste, ou, comme il l'a par la suite laissé entendre, il s'est débarrassé le plus vite possible de l'encombrant passager que lui avait fourgué le chef de l'État. Dans les deux cas, il a commis une faute. Pas seulement par rapport aux relations humaines, également en fonction de l'efficacité politique. Si Jack Lang, à l'aube du premier septennat de François Mitterrand, n'avait pas parlé – et donc trop parlé –, jamais il ne serait parvenu à bousculer les rigidités d'une administration des « beaux-arts » tétanisée par les « effets d'annonce » à répétition de son nouveau guide mais liée ensuite par ses propos.

En dépit de ses nombreux défauts et de ses quelques tares, la vieille SFIO savait se montrer plus respectueuse des exigences de la démocratie. Nombre des étoiles de la gauche caviar ont bâti sans mérite une parcelle de leur gloire sur le cadavre de Guy Mollet. En le piétinant, ils se sont offert une bonne conscience à peu de frais. Les voici à l'œuvre à leur tour. Aux côtés d'un des fidèles ministres de l'ancien président du Conseil : François Mitterrand. Car la politique algérienne de Guy Mollet n'était pas, que je sache, celle d'un homme seul. Lorsqu'un sujet était en discussion, même durant leurs périodes de gouvernement, les socialistes archaïques réunissaient une conférence nationale au cours de laquelle les différentes analyses pouvaient se confronter. Les ministres, au lieu d'avancer en aveugles comme actuellement, déblayaient le terrain, appréciaient les obstacles, mesuraient les réticences, préparaient l'opinion à une logique et donc aux arbitrages qu'ils seraient amenés à rendre. Car s'il incombe au gouvernement de trancher en dernier ressort, rien ne lui interdit de s'interroger publiquement sur les diverses options possibles, ni d'engager un échange avec l'opinion sur ce point. La démocratie est à ce prix. Ce n'est pas en caricaturant l'expéditive méthode gaulliste que l'on se hausse nécessairement au rang d'homme d'État. La reprendre à son compte revient, en revanche, à épouser la philosophie autoritaire qui la soutient. Donc à trahir l'âme de la gauche.

Heureusement, il y aura eu la Nouvelle-Calédonie et la mission œcuménique des Églises, des francs-maçons et du corps préfectoral (les diverses catégories de gendarmes sociaux donc) dépêchée sur le « caillou » pour tenter de rétablir le dialogue entre des Caldoches et des Mélanésiens en état de choc après les sanglants événements d'Ouvéa. L'originalité de la démarche n'est toutefois pas aussi évidente que ce qui en a été dit. Les sages ont moins été sélectionnés en fonction de leurs compétences sur le sujet ou de leurs qualités personnelles que des institutions qu'ils représentent.

L'expression de la société civile retenue empruntait à une lecture traditionnelle des rapports de forces dans cette région du monde. Il y a longtemps que nos rivaux anglo-saxons prennent, par exemple, appui sur les Églises protestantes désireuses de bouter la catholicité hors du Pacifique Sud pour tailler des croupières à la France. Ces comportements constituent un aveu d'échec pour des administrations héritières de la colonisation et qui n'ont su créer ni vrai dialogue ni authentique confiance avec des populations indigènes encore, le plus souvent, médiatisées par les religieux. Nos fonctionnaires supportent toujours aussi difficilement ce qui leur est étranger. De même, au début du premier septennat de François Mitterrand, la gauche avait tenté de résoudre le problème basque en confiant une discrète mission à un dignitaire de l'épiscopat. Une manière de renouer, comme en Nouvelle-Calédonie, de classiques négociations entre forces politiques. Une manière, déjà, de prouver que la fracture entre l'Église et l'État est résorbée, comme le dit notre Premier ministre. Sauf lorsque l'Église catholique estime ses privilèges, disons ses écoles, en cause.

L'appel le plus novateur à la société civile, nous le devons paradoxalement à... Jacques Chirac. Maladroitement empêtré, comme de coutume, dans un dossier périlleux pour avoir hâtivement tenté de reprendre des voix à l'extrême droite en suivant Jean-Marie Le Pen dans sa volonté de réforme du Code de la nationalité, le maire de Paris alors Premier ministre s'était trouvé face à une menace de crise. Les baskets, descendus dans la rue à cause de la réforme des enseignements supérieurs élaborée par Alain Devaquet, trouvaient avec cet autre projet gouvernemental un aliment à leur contestation. Une attitude sympathique, appuyée, non moins sympathiquement, par SOS-racisme. Vous voyez que je peux en dire du bien! Chirac, qui, bien que condisciple de Rocard à Sciences-po, n'est pas à proprement parler un adepte de la deuxième gauche, voulait surtout, en créant une commission, user de la méthode politicienne la plus banale : botter en touche. Il a, involontairement, permis à une instance originale de naître. La distinction des responsabilités et des fonctions entre l'État, les forces politiques et la société avait été opérée. Les auditions publiques ont été retransmises à la télévision. Un réel élément de modernisation de notre vie démocratique est apparu. La gauche, pourtant peu bégueule lorsqu'il s'agit d'enfiler les vieilles mules des conservateurs, semble vouloir ignorer à la fois le travail fourni et la méthode retenue. Pour une fois que la droite faisait quelque chose de bien, c'est regrettable.

Créée en juin 1987, la commission de la nationalité est l'un des tout premiers exemples de structure mise en place par un gouvernement et composée de membres réellement indépendants non seulement de leur géniteur mais de tout dosage politique au sens classique du terme. L'appel à des universitaires, pour l'essentiel, avait permis de contourner les critères habituels. Ni la Haute Autorité ni la CNCL n'étaient parvenues à ce résultat en matière de communication. Pour traiter d'un problème de société, des agents actifs de cette société ont été mobilisés. Et, au désappointement des gouvernants successifs, ils sont parvenus à des formules communes que le système politique devrait à présent, en bonne cohérence, mettre en forme et intégrer dans le code étatique. Voilà où le bât blesse. La société civile ne peut servir de référence et de faire-valoir que tout et autant qu'elle sert les intérêts tactiques des ministres. Si elle prétend s'imposer à eux, l'attitude change. On enterre ou on expulse. N'est-ce pas, Léon Schwartzenberg? N'est-ce pas, Mesdames et Messieurs les honorables membres de la commission de la nationalité?

LES CHARENTAISES

Le cap des 70 ans est déjà passé. L'inquiétude va croissant. L'heure de vérité approche. La vie s'écoule qu'il faut retenir. Coûte que coûte. Frileuses et craintives, les gloires déclinantes cherchent à s'abriter pour prolonger l'illusion qui motiva leur existence et justifia souvent le sacrifice de leur famille. Elles ont, plus que jamais, soif de reconnaissance sociale. Elles ont besoin des fastes de la République pour croire encore à un futur. Confrontés à la poussée de leurs cadets, les aînés ne sont pas disposés à vendre leur droit, pas même pour un plat de lentilles, ce caviar du pauvre.

Lorsque, à l'aube du septennat giscardien il désespérait de devenir chef d'État, François Mitterrand tentait de se consoler en ironisant : « Qui se souvient du nom du président de la République à l'époque de Jaurès ? » Il est aujourd'hui président de la

République. Il a donc choisi sa référence. Et il vient de confirmer cette option puisque, de cohabitation en recentrage, il se révèle prêt à tout pour conserver une charge si longtemps attendue. Être réélu pourrait bien n'avoir pourtant été que la partie la plus simple de la tâche qui l'attend. Il demeure certes dans son bunker mais, depuis l'instauration du septennat en 1870, aucun des élus à la magistrature suprême n'est parvenu à terminer un second mandat.

Jean Jaurès, lui, ne s'est jamais installé à l'Élysée. Peut-être involontairement. Nul ne choisit totalement son destin. C'est vrai. Personne toutefois ne devient chef d'État contre sa volonté. Pas plus que Giscard d'Estaing ne sera Flaubert, Mitterrand ne réincarne Jaurès. L'un comme l'autre ont fait d'autres choix, à eux de les assumer. Les fausses ambiguïtés qu'ils se complaisent à cultiver quant à leur destinée ne visent qu'à flatter leur ego et berner les gogos. Que les courtisans les répercutent, soit. Tout flatteur, n'est-ce pas, vit aux dépens de celui qui l'écoute et son appétit est insatiable. Extrayons-nous de ce bourbier.

François Mitterrand doit pourtant être jugé avec moins de sévérité que la génération mocassins qui aspire à lui succéder. Certes, lui aussi n'a été avare ni en chan-

gements de pied ni en discours contradictoires. Mais, soyons franc, ses adaptations
sont plus rares et mieux négociées que les
continuels tête-à-queue chiraquiens qui
conduisent le maire de Paris à suivre sa
pente en la dévalant. Au demeurant, nul
observateur, même lointain, de la vie politique nationale n'a pu sérieusement penser
que François Mitterrand était capable de
placer son destin individuel au service d'une
aventure collective. Catherine Nay a même,
probablement, rendu sans le vouloir service
au Président sortant en publiant ses *Sept
Mitterrand*. Les masques qu'elle arrachait —
avec d'autant plus de facilité qu'elle venait
de les poser — ne pouvaient que convaincre
les électeurs de la plasticité présidentielle.
Donc les conduire à lui confier la charge
des reclassements espérés.

*
* *

Depuis trente ans qu'existe la
Ve République, Mitterrand n'a cessé d'alterner, au gré des auditoires, les évocations
à la Zola des misères du pauvre peuple et
les hymnes à la productivité et à la rentabilité. Bien que, comme le disait Guy Mollet
au soir de sa vie, Mitterrand ait fini par
« apprendre à parler socialiste », on ne peut
pas dire que l'actuel président de la République en ait rajouté sur le « Plus à gauche

que moi tu meurs ». A l'inverse d'un Chevènement ou d'un Rocard. Aux plus belles
heures de l'union entre socialistes et
communistes, teinté de références marxistes
aussi plaquées et artificielles que son vernis
de culture économique, le discours mitterrandien est demeuré celui des grands idéaux
républicains.

Ce n'est donc pas à l'aune des tables de
la loi socialiste qu'il faut apprécier les actions
du chef de l'État. En revanche, elles peuvent
être confrontées à ses objurgations répétées
contre le monarchisme de la Ve République
et de son fondateur. Le texte constitutionnel qu'il avait si vigoureusement récusé est
demeuré tel qu'en lui-même. Y compris
dans son article 16 et la possibilité pour le
Président de recourir aux pleins pouvoirs,
comme l'instauration de la dictature devait,
dans la Rome ancienne, sauver la République. Pour quels résultats! L'utilisation à
répétition des forceps destinés à extirper la
volonté gouvernementale de la critique
parlementaire s'est poursuivie. Le Conseil
constitutionnel, hier dénoncé dans son
principe même, ne cesse d'asseoir l'arbi-
traire du pouvoir des juges, y compris en
contradiction avec les juridictions administratives.

Personne ne se renie, mais rien n'est plus
pareil. Dans l'opposition, Mitterrand s'in-

dignait à juste titre d'un usage abusif des couleurs nationales dans la propagande des présidents sortants. Placé dans le même cas, il a suivi le mauvais exemple, choisissant en outre comme slogan, pour faire bon poids, le triptyque « liberté – égalité – fraternité ». L'impureté d'hier est devenue la référence, l'outrage naguère dénoncé aux traditions républicaines continue d'être de règle. Il était de bon ton, dans la gauche opposante, de railler le lourd protocole gaullien dont les pesantes enluminures alourdissent la vie officielle. Il demeure inchangé. Suggérer de l'alléger revient à s'attirer les foudres mitterrandiennes. N'y va-t-il pas de la suprématie présidentielle? Elle était excessive quand d'autres l'exerçaient. Elle est désormais présentée comme une garantie. Pour la démocratie évidemment. Car, dans le pot-pourri idéologique de la « nouvelle gauche socialiste », de même que les générations constituent la norme de référence, la personnalité de l'homme qui préside l'emporte sur la logique des institutions. Tout continue de ne reposer que sur la confiance placée en un individu, sur l'allégeance au souverain. Le « pouvoir personnel » est revenu. Si tant est qu'il nous ait jamais quittés.

Cette monarchie républicaine ne se limite pas au nucléaire, contrairement à ce que

tentent de nous faire croire les officiels
bavards de Cour. Elle se manifeste dans
tous les secteurs de la vie publique. En
matière militaire, elle est simplement plus
préoccupante. Après deux années à la tête
du ministère de la Défense, André Giraud
avoue être dans l'impossibilité de définir la
pensée du chef de l'État dans ce domaine,
de préciser sa position de fond. A « L'État
c'est moi » de Louis XIV a succédé « Le
nucléaire c'est moi » de Mitterrand, et le
bon peuple de s'esbaudir. Le contenu de
cette option stratégique flotte en revanche
au gré des variations de l'environnement
international. Les observateurs étrangers
sourient en détaillant les trésors de subtilité
dialectique que nous déployons pour tenter
de donner une cohérence d'emploi à un
bric-à-brac nucléaire composé au petit bonheur la chance, en fonction des pressions
de telle ou telle arme, de la faiblesse de tel
gouvernement face aux récriminations d'un
état-major ou d'un autre. Aujourd'hui nous
cédons à la marine à propos des porte-avions
comme hier d'autres ministres ont cédé à
l'armée de terre sur les missiles Pluton.
Nous ne devions pas livrer bataille au cœur
de l'Europe, mais nous nous sommes
équipés pour le faire. Et nous avons incité
les Américains à déployer leurs missiles sur
notre continent en jouant auprès des autres

Européens le rôle de parfaits petits porte-
parole de l'OTAN. A présent qu'en dehors
de nous un accord s'est réalisé entre les
super-Grands pour renoncer à un engagement nucléaire au cœur de l'Europe, nous
voici à nouveau pris à contre-pied. Et pour
tenter de sauver la face, Mitterrand redécouvre, avec trente ans de retard, les vertus
de la dissuasion anti-cités, cette nouvelle
ligne Maginot censée nous préserver de
toute agression. Les arguments qu'il opposait naguère à cette conception gaulliste
semblent périmés alors que le concept
auquel il s'est tardivement converti est
devenu obsolète. Les générations mon-
tantes d'officiers ne croient plus à la sanc-
tuarisation du territoire national par le
nucléaire. Si la bataille venait à s'engager,
la Force d'action rapide, chère à Charles
Hernu, et la première armée, la plus professionnelle, ne tiendraient pas une semaine.
Ensuite la France serait nue et aussi aisément vaincue qu'il y a quarante-six ans. Son
territoire partiellement occupé, prendrait-
elle le risque d'être la première puissance
à recourir au nucléaire? Il n'est pratiquement plus un expert français ou étranger
pour le croire. Seul demeure un mythe,
cultivé avec d'autant plus de soin par le
chef de l'État qu'à l'exemple des saintes

huiles pour les rois il justifie son essence divine et fonde sa primauté.

Chef suprême des armées, le président de la République est également le premier des magistrats. Gaspillage de moyens, esprit routinier, instructions bureaucratiques, tel est le bilan de notre justice dressé par la chancellerie elle-même. Une appréciation que François Mitterrand ne saurait désavouer, lui qui, comme chef de file de l'opposition, ne manquait jamais de dénoncer ces évidents travers. Il s'en prenait notamment au Conseil supérieur de la magistrature, organisme chargé de veiller à l'avancement des juges dont les neuf membres sont nommés tous les quatre ans par le président de la République. Le souverain de Gaulle l'avait voulu ainsi afin de bien affirmer que le pouvoir présidentiel prime tous les autres, y compris le judiciaire. C'était au temps du coup d'État permanent. En 1981 encore, il semblait à Mitterrand que ce système cumulait « les inconvénients du corporatisme et de la politisation ». A deux reprises déjà le chef de l'État a pourvu aux fonctions de membres de ce Conseil félon. Sans un soupir, sans le moindre froncement de sourcils. Les promesses de réforme sont restées lettre morte. Il y faudrait, se justifie-t-on, une réforme de la Constitution. Une adaptation par la voie législative ne serait-

elle pas au moins possible? Le gouvernement y avait travaillé à l'aube du premier
septennat mitterrandien. La poussière qui
s'est déposée sur le dossier n'est plus trou-
blée que par les soudaines embardées des
souris ministérielles. Non seulement il n'est
plus question de réformer le Conseil supérieur de la magistrature mais les « sages »
mis en place pour « réorganiser » une fois
de plus l'audiovisuel proposent même d'en
faire le modèle d'une nouvelle haute autorité : les patrons des radios et des télés
nommés directement par le chef de l'État,
quelle avancée démocratique!

Dès leur fondation, le caractère authen-
tiquement républicain des institutions de la
Ve République a été mis en cause. Mendès
France, sur ce point, contestait la légitimité
de l'État gaulliste. Ses héritiers s'y vautrent
et s'en repaissent sans l'ombre d'un
remords. L'allégeance au Président prime
l'adhésion aux institutions démocratiques
et le Premier ministre n'est pas le dernier
à tirer sa révérence à tout propos et hors
de propos. Il semble n'exister aucun recours
à une souveraineté populaire qui ne tran-
siterait pas par la personne du monarque.
La République achève de se vider de sa
substance dès lors que les républicains eux-
mêmes se sont ralliés aux formes monarchiques de notre pratique institutionnelle.

Et l'on comprend mieux dès lors le goût irrépressible de nos nouvelles élites pour le vocabulaire et les grands ancêtres de la IIIe République. A travers Gambetta, Clemenceau, Poincaré ou Daladier, c'est toujours le mythe de l'homme fort qui est mis en avant. Comme si le caractère impersonnel du républicanisme était devenu impossible à assumer. Les justifications « conjoncturelles » et « techniques » ne manquent pas, à commencer par les « nouvelles nécessités » que la télévision imposerait. Voilà en effet l'important. Que s'amenuise parallèlement la faible culture démocratique nationale devient subalterne.

*
* *

La gauche pue. Les miasmes de la décomposition du gauchisme sont devenus l'encens de la vénération mitterrandienne. L'idéologie de droite triomphe à travers un monarchisme républicain qui constitue le moule de récupération idéal pour révolutionnaires retraités en mal d'idole. N'ont-ils pas tous été formés, durant leur folle jeunesse, aux plus débridés des cultes de la personnalité? En dépit de la variété de ses écoles, le marxisme militant a remplacé la réflexion intellectuelle par les panégyriques. Si les mocassins ont généralement échappé au stalinisme, ils n'ont pas tous évité de faire tourner les moulins à prières ni de promener sur le pavé parisien les images pieuses qui de Trotski qui de Mao. Les coulisses de la salle de la Mutualité vibrent encore de leurs querelles théologiques sur la caste bureaucratique soviétique ou le mode de production asiatique. La deuxième gauche communiait, pendant ce temps, dans la déification – déjà! – d'un PMF promu gourou de l'autogestion. Comme par hasard elle avait choisi de porter aux nues un radical de la IIIe République, un républicain réputé de progrès. A croire que chez nous la modernité révolutionnaire ne peut s'incarner qu'en de modérés parlementaires professionnels. Personne n'est vraiment dupe. Il importe seulement que l'épate fonctionne.

Premier pontife de la liturgie mendésiste, Michel Rocard a fini par se dégoûter des catacombes. D'autant que ses anciens coreligionnaires, tôt convertis à l'adoration de la grenouille, commençaient à tenir table ouverte au cœur de la Sodome politique. Quand, à son tour, il se décida enfin à s'engager sur le chemin de Damas, non plus pour y mendier des subsides pour le PSU mais à la recherche de son propre salut, il était bien tard. Le plâtre du buste de PMF s'était lézardé. La souterraine église avait été infiltrée par les barbares des sectes marxistes en quête, tels des bernard-l'ermite, d'une coquille protectrice pour camoufler leurs rites illégaux. Repentant, Rocard se proposa, en 1974, comme page à l'occasion de la nouvelle croisade engagée par François Mitterrand en vue de délivrer l'Élysée des infidèles. Enfant prodigue, il regagnait le giron familial. Il se voyait déjà dauphin. Il ne sera qu'enfant de chœur. « Dieu » aime mettre ainsi à l'épreuve ceux dont il entend se servir. Il leur courbe d'abord le front dans la poussière. Ils ne peuvent être utilisés que s'ils acceptent d'abdiquer devant lui.

Michel Rocard se lassa vite d'être le plus empressé des porte-serviettes du premier secrétaire. La reconnaissance escomptée faisait défaut. Ou, du moins, elle était trop chichement monnayée. Il revint en conséquence à ses tropismes : se distinguer en s'opposant, jouer l'opinion contre la structure de parti. Le vieux Mitterrand n'avait qu'à bien se tenir, Rocard allait débarrasser le PS de son « archaïsme » pour instaurer, avec le « parler vrai », l'âge d'or de la gauche. Le brillant stratège offrait ainsi une nouvelle illustration de son talent. Patron du microscopique PSU, il avait trouvé le moyen de s'y faire battre lors de son ralliement au PS. Un tiers seulement des maigres effectifs lui emboîta le pas. Les présomptueux assauts contre son nouveau chef se soldèrent par d'aussi piteuses retraites. En 1981 et en 1988, ses irrévocables candidatures annoncées à la présidence de la République se dissipèrent, comme tout mirage, dès que François Mitterrand décida qu'était venue pour lui l'heure de s'engager.

A ceux qui, en 1974, plaidaient auprès de François Mitterrand la cause de Michel Rocard et militaient en faveur de son entrée au PS, le futur Président répondait : « Rocard? Oui. Tout nu et tout seul. » Nous y sommes. Aussi trompeuses que peuvent paraître les apparences, le Premier ministre est entré à Matignon parce qu'il a fait la preuve de son isolement. Il dirige un gouvernement dont les collaborateurs directs du chef de l'État contrôlent la diplomatie, les affaires européennes, les finances, le budget, la communication, l'intérieur, l'agriculture! Pour tenter de combler l'abîme qui le sépare de la réalité du pouvoir, Michel Rocard utilise chaque réunion du Conseil des ministres pour parler, parler, parler des dossiers inscrits à l'ordre du jour. Sur tous il a un avis. Rien n'indique que le chef de l'État ait envie de le connaître. Souvent le silence permet d'éviter qu'une divergence ne se glisse entre le chef du gouvernement et le véritable maître. Goguenards, les plus expérimentés des ministres, plutôt que d'écouter les universitaires tirades du premier d'entre eux, s'attachent à discerner et à suivre dans l'attitude présidentielle les indices de l'agacement croissant.

Car notre Président supporte difficilement à son côté toute parole qui ne soit pas sienne. La réorganisation de l'Élysée pour le second septennat en a apporté la preuve. Ceux de ses collaborateurs qui avaient cru pouvoir exister de manière autonome ont été sanctionnés. Et d'abord le secrétaire général de la Présidence, Jean-Louis Bianco, coupable d'avoir effectué la tournée des barons socialistes dans l'espoir de devenir un important ministre. Mitterrand ne lui fit proposer qu'un sous-portefeuille. Mortifié, Bianco refusa et regarda, amer, son condisciple élyséen Michel Charasse prendre en charge, rue de Rivoli, le budget de l'État. Ont été sanctionnés d'un humiliant bannissement les Michèle Gendreau-Massaloux et autres Jean-Michel Gaillard coupables d'avoir colporté dans les salles de rédaction, outre la parole divine, leurs propres jugements. Promu en revanche, Gérard Colé, l'un des amuseurs du chef de l'État chargé de sa communication. Il s'est acquis à jamais une place de choix dans l'historiographie de la Vᵉ République pour avoir, durant la campagne présidentielle, refusé les contacts directs entre le candidat Mitterrand et ses électeurs au motif que « Dieu ne va pas sur les marchés »!

Rocard, aveuglé par ses nouvelles fonctions, apprécie mal la précarité du siège sur lequel il a posé son étroit séant. Il croit parler pour l'Histoire. Il n'est guetté que par les gazettes. Il a soif d'être aimé, très mauvaise attitude pour un adulateur. Il n'est pas là pour recevoir mais pour donner. Seul le souverain a de l'importance. Les états d'âme des membres de la Cour l'insupportent. Ils doivent faire l'effort de lui épargner leurs récriminations et, lorsqu'ils ont à se plaindre, ce ne peut être que pour une plus grande gloire du monarque. Jack Lang, en homme de théâtre confirmé, a parfaitement assimilé le rôle. Les permanentes rallonges budgétaires qu'il va arracher à l'Élysée sont toujours présentées comme devant financer les grands travaux du règne. Nos partenaires européens ne comprennent pas la fonction de notre ministère de la Culture ni le rôle des 16 000 agents qui codifient et canalisent notre « culture d'État ». A leur décharge, reconnaissons que de telles institutions ne sont pas courantes. En 1968, les Tchécoslovaques tentaient de se consoler de la présence des chars soviétiques en racontant

comment Alexander Dubček aurait « négo-
cié », menottes aux poignets, le gouvernement que lui imposait le Kremlin. « Je voudrais rajouter un ministre de la Marine »,
aurait hasardé le malheureux. « Mais pourquoi, lui répond le Russe de service, la
Tchécoslovaquie n'a pas d'accès à la mer.
— Vous avez bien un ministère de la
Culture », faisait répliquer à Dubček l'ironie tchèque.

La France, elle aussi, est dotée d'un
ministère de la Culture. Pourquoi? Le
Conseil de l'Europe a publié un docte rapport pour tenter de répondre à cette épi-
neuse question. La conclusion tient en deux
mots : monarchie culturelle. Les rappor-
teurs auraient pu faire l'économie du
second terme. La monarchie mitterrandienne ne se limite pas à la culture. Elle
trouve là, en revanche, un terrain idéal pour
s'épanouir. Dès lors, l'hôte de la rue de
Valois ne peut exister que comme fou du
roi. Et parfois comme hérault. André Mal-
raux exerçait cette mission dans un style
wagnérien. Jack Lang, notre actuel grand
Mamamouchi de Cour, préfère le côté
« Top 50 ». Quant à François Léotard il
cherche encore son registre. Son erreur
majeure consista, en 1986, à prétendre
assumer cette fonction en période de cohabitation. La dyarchie conflictuelle au som-

met de l'État lui interdisait le rôle tradi-
tionnel. Or, dépourvu de l'onction
présidentielle, le ministère de la Culture est
sans pouvoir. Il n'est en effet que l'habillage
administratif des foucades royales, du blan-
chissement des façades de Paris à la création des fossés de la colonnade du Louvre,
en passant, au fil des septennats, par le
Centre Beaubourg, le musée d'Orsay,
l'opéra de la Bastille et en attendant,
demain, « la plus grande bibliothèque du
monde ».

En 1981, le moule de la Ve République
n'avait pas encore normalisé les socialistes.
Les nouvelles excellences étaient entrées
dans les palais officiels la peur au ventre.
Leurs propres références historiques
comme la pression ambiante leur faisaient
redouter l'épreuve inédite qui s'engageait.
Contrairement à ce que l'on se plaît à répéter depuis, cette crainte de l'échec immédiat engendrait une certaine retenue, une
forme de respect pour l'outil si longtemps
convoité et enfin disponible. En 1988, le
retour pourtant si peu triomphant s'est
effectué comme en terrain conquis. Les
ministres sont rentrés chez eux après une
brève absence. Ils ne sont d'ailleurs plus
perçus d'abord comme socialistes mais
comme des personnalités indépendantes,
titulaires naturels de leurs fonctions. A

peine installées elles semblent avoir toujours été présentes. Dans le micro-univers
des « cultureux », Jack Lang est devenu la
référence naturelle. Il est l'homme d'ordre,
celui qui incarne le mieux les conformismes
du milieu. Le soir de sa nomination, en
compagnie de sa bande, il arpente en propriétaire, de longues heures durant, le
Palais-Royal pour dresser l'inventaire et
vérifier que l'intérimaire n'a pas trop
attenté à l'état des lieux.

« Le pouvoir nous a changés », vont répé-
tant les socialistes, comme si cet aveu valait
tous les éloges. Ils tirent gloire de leur faiblesse, argumentent leur impuissance,
théorisent leur veulerie. Nos timorés n'ont
même plus la dignité de se démarquer des
usages et des références d'un souverain sans
la rouerie et les ambiguïtés duquel ils
seraient incapables de rassembler une
majorité, aussi relative et précaire soit-elle.
Ils respectent l'étiquette et ne rivalisent que
dans la louange, la flatterie et l'adulation.
Pétrifié, osant à peine agir de peur de voir
s'effondrer son fragile édifice, Mitterrand
règne. Il convoque ses architectes et visite
ses chantiers. Que la société se débrouille
de son côté. Aucun des monarques de la
Ve République n'a dérogé à ce despotisme
éclairé dont nous nous targuons avec deux
siècles de retard. Parcelle d'État au cœur

de la capitale de l'opposition, les Tuileries se voient contraintes d'accueillir les œuvres provocantes, courageusement commandées à l'aube du premier septennat et non défendues aujourd'hui face à l'ostracisme revanchard du maire de Paris. Ce « jardin extraordinaire », où Charles Trenet projetait ses fantasmes sexuels, est devenu le rebut d'audaces politiques non assumées. Sur cette terre d'exil, au pied de l'Orangerie, Léon Blum et le capitaine Dreyfus, proscrits de l'art officiel, se morfondent à quelques pas l'un de l'autre, relégués dans le secteur maudit où, jour et nuit, se danse le ballet de la drague homosexuelle.

Les conséquences financières de ces pratiques inspirées de Versailles enflent de septennat en septennat. Elles donnent à cette manie présidentielle les dimensions d'un gouffre. La cité scientifique de La Villette coûte, en frais de fonctionnement, 40 % de plus que le Centre Pompidou. Record à battre. Nous n'aurons plus longtemps à attendre compte tenu des inaugurations programmées. De pyramide en arc de triomphe monumental, du Louvre à la Défense, le président de la République s'est offert, dès son premier mandat, tous les symboles antiques de la gloire et de l'immortalité. Quel aveu d'inquiétude chez cet ancien jeune homme chrétien qui faisait se pâmer François Mauriac! Curieusement, le chef de l'État ne range pas au nombre de ses grands travaux « l'Euro-Disneyland ». C'est pourtant le plus susceptible de séduire la séguélienne « génération Mitterrand ».

*
* *

Il serait erroné de penser que les habitudes héritées des origines de la Ve République se reproduisent simplement. Elles s'amplifient. En ces matières également fonctionne l'implacable loi du « toujours plus ». Ainsi du népotisme présidentiel. Ni le beau-frère, ni le gendre, ni le fils du général de Gaulle n'avaient eu à se plaindre du déroulement de leur carrière. Bien au contraire. L'une des filles de Valéry Giscard d'Estaing transita par les cabinets ministériels des gouvernements paternels tandis qu'un des fils se voyait réserver les bases géographiques d'une hypothétique carrière politique. François Mitterrand a non seulement casé ses deux fils, l'un à l'Assemblée nationale, l'autre à l'Élysée, mais en outre il recueille belle-famille, épouses de ministres et compagnes d'un moment. Les grands de la Cour savent qu'en flattant cette faiblesse ils font avancer leurs intérêts. Les entourages ministériels sont donc révélateurs du degré de courtisanerie. Le cabinet de l'ancien chabaniste

Thierry de Beaucé, devenu secrétaire d'État aux relations culturelles internationales, frise la caricature. N'y trouve-t-on pas Roger Gouze, beau-frère du Président, ainsi qu'une de ses nièces et la fille de l'ancien propriétaire de l'hôtel du Vieux-Morvan où François Mitterrand loge depuis des décennies lorsqu'il se rend à Château-Chinon?

Servir le souverain, telle est bien la loi d'airain du clanisme mitterrandien sur lequel le président de la République a construit toute sa carrière. En contrepartie, les vassaux sont plus ou moins richement dotés et protégés. Dans sa magnanimité, le suzerain peut concéder à ses Premiers ministres l'octroi de quelques menues pré-bendes. Une manière de mieux faire passer ses propres charrois. Michel Rocard a donc pu calmer certaines rancœurs. A commencer par celle de Pierre Zémor qui fut, au temps où notre Premier ministre pensait encore devenir chef d'État, l'animateur de sa cellule parisienne. Membre de son cabinet à Matignon et candidat du PS contre Georges Marchais dans le Val-de-Marne, Zémor fut distancé dès le premier tour de l'élection législative. Battu par la fraude, clama-t-il au vent de tous les médias. Ce n'est pas inimaginable. Et la perspective de voir un collaborateur direct du chef du gouvernement poursuivre devant les tribunaux le secrétaire général d'un PCF dont les voix seront souvent décisives à l'Assemblée nationale n'était pas dépourvue de charme. Le dépit de Pierre Zémor avait, pour le moins, émoussé son sens politique. Au-delà de son petit drame personnel, le sort de son patron était en jeu. Le matamore dut rengainer ses armes. Ses moulinets inutiles rendaient toutefois impossible son maintien à Matignon. Il fallait le recaser. Le bon vieux Conseil d'État, sinécure de nos républiques, a fait l'affaire. Comme l'écrivait Michel Rocard dans ses préceptes ministériels sur l'art et la manière de bien gouverner : « La désignation des titulaires des emplois publics doit se faire sans autre distinction que celle des vertus et des talents. » *Le Monde* qui, sans doute alerté par Matignon, venait de se fendre d'un louangeur encadré sur deux colonnes pour féliciter le gouvernement d'avoir pourvu le Conseil d'État d'un « tour extérieur » non politique, en fut pour sa brève confusion et la non moins brève annonce de la nomination de Pierre Zémor.

Ces différentes formes de clientélisme ne sont qu'une variante du defferrisme méditerranéen transposé au sommet de l'État. On fonde l'attachement au pouvoir sur l'octroi d'avantages personnalisés. On fait valoir au bénéficiaire la contrepartie d'allégeance qu'implique la gratification. On ne triomphe pas d'un rival, on le compromet. On n'affronte pas un adversaire, on l'achète. On ne supprime pas un obstacle, on le contourne. On n'élimine pas un abus, on transige. Tout s'arrange dans les arrière-salles. Ce n'est plus de la politique mais du copinage. Le système en sort renforcé, même si les hasards d'un rapport de forces favorable permettent de faire reculer l'opposant. François Mitterrand montre son adhésion à cette conception du pouvoir avec la danse du ventre qu'il exécute autour du milliardaire britannique Robert Maxwell. Bob, comme on dit à l'Élysée où, pour se consoler de la médiocrité quotidienne, on affecte volontiers une certaine familiarité avec les vrais puissants de la planète. Les maîtres de l'argent fascinent les serviteurs du Prince. Et dès lors que ces financiers ont été oints socialistes, le souverain peut consentir à transgresser sa chrétienne répulsion affichée pour cet univers impur. En vertu de ses amitiés travaillistes, Maxwell se voit donc confier de jouer, pour la presse écrite, le rôle que le socialisant italien Silvio Berlusconi eut à remplir pour la télévision. Tenir un créneau que les socialistes français se révèlent congénitalement incapables de conquérir.

La gauche ne cesse de commettre des contresens en matière de communication. Elle confond contenant et contenu. Elle s'enivre de flacons et laisse l'ivresse du vin à ses rivaux. Elle s'extasie sur le papier glacé d'un magazine financé par la haute couture sans se préoccuper du prêt-à-penser rédactionnel. Elle dilapide les fonds secrets de la République, qui sont aussi l'argent des contribuables, sans éviter les faillites successives d'organes qui se réclament de la gauche mais s'appliquent à prendre leurs distances de l'action gouvernementale afin de ne pas laisser paraître où ils assurent leurs problématiques fins de mois. Elle croit contrer l'industriel Robert Hersant en mettant en piste l'industriel Robert Maxwell. Elle obtiendra au bout de la chaîne la même soupe industrielle. A ceci près que la révérence à l'égard du monarque risque d'être respectée dans le second cas, du moins tant que cette attitude ne nuira pas aux ventes.

J'ai délibérément attiré votre attention, au début de cette lettre, sur le procès Barbie. Ce n'était pas une digression. Cet événement continue de m'apparaître comme l'un des plus révélateurs de notre réalité française. Il a notamment confirmé que notre code de valeurs, notre cadre de références idéologiques, est établi et imposé par les grands médias. Tout changement social passe inévitablement par ce champ de bataille. Les radicaux de la IIIᵉ République ne s'y étaient pas trompés, qui avaient concédé aux monarchistes le contrôle de la vie financière et de l'essentiel de la haute administration pour s'assurer en revanche la maîtrise des préfets et des instituteurs. Ils ont effectivement changé leur monde. Ils ont fait passer la France catholique et monarchiste à la laïcité républicaine. Une authentique révolution, réussie grâce à une victoire décisive sur l'appareil idéologique de l'Église. La gauche, si elle souhaite encore remplir sa fonction historique, ne pourra faire l'économie d'un affrontement similaire pour arracher la communication à la férule de l'argent. Il ne peut être question de transformer les journalistes en hussards rouges du socialisme, mais il est devenu capital de permettre à une information concurrente d'exister à côté de la presse d'argent. Il ne peut y avoir de mutation sans modification des grilles d'analyse imposées à la population, sans renversement des stéréotypes contemporains. D'autres s'imposeront qu'il conviendra de bousculer à leur tour. La presse, à l'heure actuelle, subtilise l'argent des contribuables au nom de l'enrichissement de ses promoteurs. Elle nous coûte chaque année des milliards de francs de subventions. Ces sommes sont toutefois réparties selon des critères qui font que, plus les titres sont riches, plus ils bénéficient de l'argent public et plus ils peuvent faire campagne en faveur d'un marché qui, dans ces conditions, n'offre effectivement que des avantages.

Nous ne prenons pas le chemin de tels réajustements. Il y faudrait un minimum de convictions et un peu d'audace. Des denrées rares dans la vie politique contemporaine. Pourtant, avec la reconnaissance de la société civile, devraient s'estomper les préjugés et triompher les acteurs sociaux. Or, la démocratie de participation, traditionnellement faible en France, ne cesse paradoxalement de reculer. Atonie du débat au sein des formations politiques, effondrement du taux de syndicalisation, paralysie de la vie associative en sont autant d'illustrations. Simultanément, avec la vertigineuse montée des abstentions s'affaiblit la légitimité de la démocratie de délégation. Quel bilan! Pendant ce temps, le jeu microcosmien continue de se focaliser sur les combinaisons susceptibles de dégager, à l'Assemblée nationale, une majorité composite, faute de pouvoir disposer de la majorité socialo-communiste formée sur le nom de François Mitterrand. Deux des hommes ayant fondé le PSU à l'aube de la Ve République pour s'opposer aux compromissions des socialistes sur leur droite, Pierre Bérégovoy et Michel Rocard, ont rivalisé pour obtenir l'honneur d'être l'agent de cette « ouverture au centre ».

Pour compléter la démarche et tenter, malgré tout, de préserver l'expression d'une société vivante, le gouvernement a voulu croire que l'appel aux interprètes médiatiques suffirait. Dangereux pari. La société médiatique existe. Elle constitue, indéniablement, une des composantes essentielles de la vie nationale. A ce titre, il n'est pas inconcevable qu'elle soit représentée au sein du gouvernement. Seulement, il ne faut pas confondre passage à la télévision et appartenance à la société médiatique. Il s'agit de deux réalités différentes. « Messieurs » Marina Vlady et Christine Ockrent sont entrés au gouvernement. Ils disposent en outre d'une certaine notoriété personnelle. Ils n'appartiennent pourtant pas au monde des médias. Il aurait été plus important de savoir, lorsqu'ils ont été sélectionnés, si Léon Schwartzenberg et Bernard Kouchner étaient reconnus par les groupes qu'ils sont censés exprimer. Il est, à cet égard, des effets d'optique médiatique trompeurs. Michel Gillibert, par exemple, est un tétraplégique. Pas, comme n'importe qui, pour avoir été victime d'un accident de la route, mais parce que son hélicoptère de brillant et dynamique P-DG a décroché. Jane Birkin patronne les activités caritatives dans lesquelles il a transféré une partie de son trop-plein d'énergie. Le tout-Paris se dispute l'honneur de pousser son fauteuil d'infirme. Il est jeune, il est séduisant, il est riche, et il est à présent ministre. La société civile des handicapés fait pourtant grise mine. Les associations qui, depuis des années, se tapent dans l'ombre le boulot éprouvent le vague sentiment d'être cocues. Une fois de plus. Tout cela sonne aussi juste que lorsque Giscard prenait son petit déjeuner avec des éboueurs, ou quand un adolescent bon élève était promu par la droite conseiller de ministre, ou quand Bernard Kouchner se vante d'avoir recruté pour son cabinet un collaborateur séropositif et de faire assurer la restauration dans son ministère par une association de chômeurs.

*
* *

Au nombre des manies que le goût du pouvoir personnel inspire au Prince, certaines sont loin d'être innocentes. L'ancien ministre de l'Intérieur François Mitterrand a conservé, par exemple, le goût des dossiers de police. Nécessairement bas. Il n'existe pas de haute police. De Gaulle et Pompidou avaient le sinistre Service d'action civique, le SAC. Giscard s'appuyait sur

les commandos de nervis d'extrême droite.
Mitterrand s'est doté d'une garde préto-
rienne d'anciens gendarmes reconvertis en
barbouzes. Qu'importe les règles administratives. Il ne faudrait pas confondre thème
de discours et outil de pouvoir. La France
socialiste supporte sans broncher les extra-
vagances des vigiles de luxe de l'Élysée.
Leurs bavures défraient de temps à autre
la chronique, mais tout finit par se tasser.
Notre République a des mœurs de maffiosi.
La démocratie doit s'en contenter. La dis-
crétion de l'opposition se paie du silence
de la majorité. Les fausses factures des uns
s'échangent contre le faux passeport des
autres.

Pour piloter ce branchement illégal sur
les structures policières, le chef de l'État a
installé à son côté un expert : un de ces
énarques de seconde zone en principe
condamnés à l'enfer des fonctions de sous-
préfet et qui, sans illusion ni conviction,
réussissent un rétablissement de carrière au
prix d'un salissant travail de soutier au
profit des puissants. De n'importe quel
puissant. Ils savent quelles sont les deux
règles essentielles pour réussir à capter la
confiance : la présence physique constante
à la Cour, la capacité à deviner d'un mot
le désir inavouable qu'il convient d'exau-
cer.

Gilles Ménage, puisque, telle la peste, il faut l'appeler par son nom, se mit d'abord au service des giscardiens et parvint ainsi à se faufiler au côté de Guy Fougier, futur préfet de police. Après avoir changé les draps du descendant de Louis XV, il s'est rallié sans tarder au nouveau maître. La transaction s'est réalisée grâce à l'obligeance d'André Rousselet, directeur du cabinet de François Mitterrand en 1981 avant de prendre la présidence de Canal plus. Entre le patron d'une grosse société de taxis et l'ancien collaborateur de la préfecture de Paris, des échanges de services avaient créé ces solides complicités sociales qui valent mieux que toutes les convictions politiques. Gilles Ménage entrait à l'Élysée pour y exercer son patronyme. Au nom de la lutte anti-terroriste, il diligente enquêtes parallèles, écoutes clandestines et pressions en tous genres. Et comme le terrorisme a bon dos, pamphlétaires coupables de crime de lèse-majesté, opposants actifs, « amis » suspects, personne n'échappe à son zèle. En Suède, où les sociaux-démocrates ont vu leur chef de file Olof Palme assassiné sans que les services officiels de l'État aient seulement été capables d'offrir l'ombre d'une piste sérieuse, le fait d'avoir chargé un éditeur d'une enquête parallèle a ouvert une crise politique majeure. Le bien-fondé de la décision du nouveau Premier ministre suédois n'est pas discuté. Ce qui est en cause, c'est le principe d'une telle procédure, décidée qui plus est sans délibération du gouvernement. Étrange peuplade barbare que ces Nordiques absurdement attachés aux règles de l'État de droit. La Suède n'est qu'une puissance de seconde zone. Rien à voir avec la France. La Suède est une démocratie. Rien à voir avec la France.

Indigné par ce qu'il voulait croire n'être que les excès d'un collaborateur activiste, le chef de l'administration s'en ouvrit un jour au Président. Le premier Premier ministre du premier septennat demandait la tête du trop dévoué sous-préfet. Il reçut de bonnes paroles. Pour inaugurer le second septennat, Gilles Ménage a été promu directeur du cabinet de François Mitterrand. Tout un symbole. Tandis que les baskets, en troupeau, suivent le joueur de flûte Jack Lang, l'abus de la raison d'État jette son ombre à partir de l'élyséen séjour. Pourquoi se gêner? L'affaire Greenpeace n'a-t-elle pas confirmé le président de la République dans l'idée qu'il pouvait allégrement s'affranchir du respect des normes. Au cours du duel télévisé de l'élection présidentielle, Jacques Chirac, en affirmant ignorer le contenu du dossier ouvert contre le pseudo-diplomate iranien Walid Gordji, non seulement mentait mais trahissait une ignorance des procédures judiciaires. Il prétendait se retrancher derrière l'indépendance de la justice. Or, comme chef du Parquet, le gouvernement sait parfaitement ce que révèlent les procédures d'instruction. De même, si à l'extrême limite on peut concevoir que le président de la République n'ait pas été informé du détail de l'opération montée en Nouvelle-Zélande par les services spéciaux, il est impossible que, comme chef des armées, il n'ait pas été prévenu personnellement dans les vingt-quatre heures que deux officiers d'active en service commandé venaient d'être arrêtés à l'étranger. A partir de ce moment, il n'ignorait plus rien des responsabilités françaises. Si cette information ne lui avait pas été donnée dès cet instant, c'est que nos chefs militaires se seraient rendus coupables de félonie. Ils auraient été sanctionnés. Ils ont été promus. Donc Mitterrand a menti.

Si le rusé vieillard retranché à l'Élysée se prête à toutes ces manipulations, c'est parce qu'il connaît mieux que personne les faiblesses humaines. Lorsqu'elles sont aussi crûment exprimées que par mes frères mocassins, lorsque la soif des honneurs aveugle à ce point les individus, il est rassuré. Il sait à merveille jouer d'un tel matériel humain. Il en connaît chaque ressort et il les fera fonctionner quand et comme il le souhaitera. Toutefois, lui aussi possède ses points faibles. Le premier, celui qui hante ses nuits et obsède ses jours est l'âge. Si les bons vins se bonifient, dit-on, avec les années, il en est d'autres qui vieillardent. Pour les gouvernants c'est toujours le cas. Leur vieillesse est un naufrage. Aucun n'a échappé à ce constat. Bien rares pourtant sont ceux qui en tiennent compte. Ils savent que, quitter leurs fonctions, c'est accepter de mourir. Ils ne cessent de reculer l'échéance. Le pouvoir est la plus efficace des cures de jouvence. Comment, sans le prestige qu'il confère, continuer d'attirer les frais minois de vingt ans? Comment conserver une cour d'artistes et d'intellectuels qui, en échange de la fréquentation des palais officiels, dessinent et répandent l'image d'un Président homme de sagesse et de culture au-dessus des passions du vulgaire? Comment continuer de plier à sa volonté des femmes et des hommes dans la plénitude de leurs forces?

L'expression « génération Mitterrand », associée à vos jeans et à vos baskets, sonne dès lors comme un aveu. Le sang frais doit régénérer le présidentiel vampire. Vous sursautez à cette formule? Il ne faut pourtant voir dans ce terme ni blasphème, ni manquement à notre monarque républicain, ni allusion perfide aux proéminentes canines de naguère soigneusement limées avant l'entrée à l'Élysée. Il ne s'agit que du bilan de l'action de François Mitterrand au long de la Ve République. Cet homme tue ce qu'il embrasse. Ceux qui redoutaient, au début des années 70, de le voir se précipiter dans les bras du parti communiste avaient tort. L'étreinte était certes mortelle mais pas pour lui. En dix ans, il a réduit son hégémonique partenaire à l'état de loque exsangue. Ce premier problème réglé, il s'est retrouvé face à la droite. En 1986, dans un affrontement direct, il a dû céder du terrain. Balladur, entraînant Chirac dans son sillage, a cru habile de lui offrir de cohabiter. Il les a pris au mot. Prisonniers de son étreinte, ils furent incapables de s'en libérer. Deux années durant, leurs forces ont été prélevées, pompées. Que la police réussisse une arrestation spectaculaire, le télégramme de félicitations signé François Mitterrand suivait de quelques minutes celui de Charles Pasqua. Qu'une difficulté surgisse en revanche, qu'un dérapage intervienne, et l'Élysée marquait sa distance quand ce n'était pas sa réprobation. Simultanément, sur un coup de fil présidentiel, le PS montait à l'assaut des gouvernants de sa manière désordonnée mais sonore.

Au terme de ce traitement, tel un agrume totalement exprimé, Jacques Chirac a été rejeté aux poubelles de l'histoire. Sans ménagements. Un simple face-à-face télévisé a révélé l'ampleur du mépris présidentiel pour celui qui avait osé le braver. La haine affleurait. Qui l'élyséen vampire peut-il à présent enlacer? Socialistes et centristes sont les prochaines victimes. De choix. Il suffit de les regarder avancer, comme sous hypnose, vers leur bourreau pour constater que le processus est bien engagé. Sans doute de manière irréversible.

***

Je vois bien que vous me suivez difficilement. Admettez pourtant que, bien souvent au fil de l'Histoire, la désobéissance a été la forme supérieure du devoir. Le peuple de gauche doit s'insurger aujourd'hui contre ceux qui prétendent parler en son nom. Sinon le terrain sera vierge pour d'autres protestations, d'autres révoltes, dont les crânes rasés d'une jeunesse en dérive nous présentent les signes avant-coureurs. Elle ne se limite ni à la Grande-Bretagne ni aux stades de foot. Par dérision elle récupère la signalétique nazie. Les thèmes aussi. N'est-ce pas Georges Pompidou qui achevait son ouvrage posthume, *Le Nœud gordien,* en estimant que la France était menacée davantage par le fascisme que par le communisme? Son jugement, prophétique, est demeuré ignoré. Et d'abord de ses héritiers.

Vous continuez de me croire injuste? Les faiblesses d'un homme, même chef d'État, ne peuvent, vous semble-t-il, gommer les mérites d'une politique, la force de nobles principes. N'est-ce pas la gauche qui a enfin aboli la peine de mort? Voilà qui n'est pas contestable et qui prouve que ces vieux républicains repus que je montre du doigt sont encore capables de faire passer leurs idées dans les faits. Je pourrais vous répondre qu'il s'agit d'une histoire ancienne, d'une mesure qui date d'une période durant laquelle la gauche prétendait encore « changer la vie » et aura, au moins pour certains, « changé la mort ». Le problème est, hélas, plus profond encore. Dans notre société politique du spectacle qui effleure la réalité en prenant grand soin de ne pas la modifier, il est de règle de ne fonctionner que dans l'idéalité. Il est naturel qu'en conséquence Robert Badinter soit devenu la coqueluche de la gauche. A travers lui rien n'est plus aisé que de magnifier l'anecdote en contournant l'essentiel.

Bien que trop jeune pour avoir pu s'illustrer durant le second conflit mondial, le garde des Sceaux du premier septennat peut être rangé au nombre des retraités choyés de la République. Le sexagénaire président du Conseil constitutionnel en a pris pour neuf ans, ce qui lui garantit une vieillesse confortable dans l'ombre protectrice du pouvoir. Le rapprochement avec François Mitterrand est également fondé par le parallélisme des discours. Là encore, les vibrants lieux communs de la République ont fonction de philosophie politique. Où trouver plus belle illustration de cet « élitisme républicain », dont Jean-Pierre Chevènement s'est fait le chantre sur fond de fanfare militaire, que dans l'emblématique figure du garde des Sceaux qui osa ranger la guillotine au magasin des accessoires? La voilà enfin, cette gauche morale et pure qui permet de retrouver ses marques!

De fait, Robert Badinter est un honnête homme. Comme un avocat d'affaires peut l'être. C'est un homme courageux. N'a-t-il pas affronté l'hémicycle parlementaire pour obtenir l'abrogation de la peine de mort? Sauver ainsi la tête de quelques malheureux est digne de respect. Cela dit, aucun des hommes mobilisés dans ce débat ne pouvait se sentir personnellement menacé. Pas plus que lors de la discussion sur la remise à jour du Code pénal des territoires d'outre-mer, autre survivance du siècle passé. Faire disparaître ces archaïsmes, c'est bien. Réformer une société exige une action d'une tout autre nature. Comme le disait Péguy de Kant et de ses disciples, les mains de Robert Badinter seraient propres... s'il en avait.

Quand il faut remettre en cause les équilibres de pouvoir dans la société, quand il convient de rogner les privilèges des nantis, l'ancien garde des Sceaux se sent immédiatement mobilisé. Dans la défense de l'immobilisme et des catégories sociales qui font vivre son cabinet, il est intraitable. S'agit-il de procéder à des nationalisations? Il jette tous les arguments juridiques possibles et imaginables en travers de la route, annonce un contentieux international inextricable, mobilise les antichambres, répercute le discours des industriels, véhicule celui des banquiers. Le premier président de la Cour des comptes a-t-il délibérément soustrait un rapport au gouvernement? Robert Badinter n'accepte d'engager des poursuites que sur l'ordre formel et écrit du Premier ministre. Tente-t-on de limiter la puissance des monopoles de presse? Le garde des Sceaux est à nouveau contre au nom de la liberté d'entreprendre et des règles du marché. Dans la lutte de pouvoir qui se livre au sein de la société, l'abolition de la peine de mort n'est que la garniture dans les naseaux de la tête de veau. L'essentiel est ailleurs. A l'essentiel Badinter ne veut pas se confronter.

Ce jeu de massacre vous étonne? Cette virulence vous semble excessive au regard des turpitudes d'une droite qui, par tradition et par vocation, est le lieu de la confusion des pouvoirs : finances, industries, administrations, politique, médias, milieu...? Son code est celui de la société tout entière. Voilà pourquoi il faut changer la société et ne pas seulement laisser alterner dans les ministères ceux qui couvrent ces pratiques. Le spectacle des deux années d'avide restauration que la droite vient de s'offrir restera symbolique. Quelle frénésie! Chacun s'est empressé d'arrondir son pécule. Tout était trop fragile, il n'y avait pas de temps à perdre. Ils n'en ont pas perdu. Ils ont eu raison. Ils ne risquent plus grand-chose. Leur bénéfice sera tout juste écorné au profit des nouveaux arrivants. La société civile, si elle a encore le courage de baisser les yeux vers l'égout dénommé État, aura vu flotter une amnistie fiscale si généreuse que ses bénéficiaires ont enlevé deux fois la mise, d'abord en exportant illégalement leurs capitaux, ensuite en les rapatriant tandis que le milieu et les spécialistes de la fraude ont pu profiter de l'occasion pour blanchir

une partie non négligeable de leurs rentrées. Ont émergé également du cloaque la
répartition des principaux groupes industriels et financiers au profit d'une poignée
d'amis du pouvoir; le choix précipité du
« Rafale » pour équiper l'aéronavale française aura au moins aidé le RPR à financer
la campagne de son candidat; la colonisation de l'audiovisuel sous prétexte de pré-
occupation culturelle; le rétablissement des
traditionnelles dynasties industrielles par
Jean-Luc Lagardère, au nom du manage-
ment moderne et grâce aux profits réalisés
à travers de fructueux marchés d'État; les
interventions partisanes d'officiers généraux dans les campagnes politiques; un
garde des Sceaux supervisant une enquête
dans laquelle il se trouve impliqué; le secret
d'État dressé face aux juges; les juges
dressés à faire le beau; le tripotage – illégal
– des nominations dans la police; les manipulations conjointes et complices de la DST
et de trafiquants de stupéfiants; l'autori-
sation des machines à sous attendue depuis
si longtemps par le milieu et définitivement
accordée quarante-huit heures avant que
Chirac ne quitte Matignon!

La gauche devait mettre un terme à cette
confusion des genres. Elle s'était proclamée
agent du changement. Elle n'est que l'intruse. Tolérée plus qu'acceptée, sa compé-

tence est célébrée à mesure qu'elle témoigne de sa loyauté à l'ordre social. Besogneuse gérante d'un univers qui ne sera jamais le sien, elle a vendu son âme pour les quelques miettes du festin qui lui sont consenties en bout de table. Puisque la référence morale est à la mode, la gauche est impardonnable. Elle est immorale là où la droite n'est qu'amorale.

* *
*

Quelles perspectives demeurent? Monsieur le Président de la République, comme aime à se gargariser son Premier ministre, a bien voulu condescendre à nous les tracer dans une lettre devenue le « petit livre rose » rituellement cité par le dernier carré des militants socialistes. Je me demande si le fait d'oser, après lui, écrire aux Français ne tombe pas sous le coup de quelque crime de lèse-majesté. J'aurais alors, je le confesse, péché par ignorance.

Sur les tables de la loi descendues du Sinaï élyséen, François Mitterrand, avec une audace et une originalité intellectuelles dignes de tous les éloges, nous propose comme horizon l'éducation et l'Europe. Il n'y a guère que quarante ans que ces deux termes constituent le fonds commun de la quasi-totalité des programmes politiques. Leur réalité est d'autant moins discutable qu'avec ou sans lettre aux Français il s'agit d'échéances inscrites dans notre futur proche et programmées de longue date. Plus original semblait-il, donc davantage valorisé, aura été le thème de la ville. S'extasier équivaut pourtant à se montrer oublieux du discours mitterrandien. La ville comme échéance capitale de civilisation constitue en effet l'un des morceaux « philosophiques » préférés du Président que la cohabitation a redonné à la France. Il en use lorsqu'il entend reprendre son souffle au milieu d'un meeting. Cela calme les cris d'un public qui se demande si le moment de penser n'est pas venu et permet à l'orateur de reposer sa voix. Le vieux truc est revenu sous la plume d'un candidat désespérément en quête d'idées générales l'engageant le moins possible.

Il est au demeurant piquant que l'homme de la ruralité charentaise et des Landes sylvestres, l'heureux propriétaire de la bergerie de Latché et l'infatigable marcheur sous les pins achetés hectare après hectare, que l'homme du Morvan et de ses villages isolés, fasse campagne sur la ville. Il s'en défie au contraire. Sauf quand, comme Saint-Germain-des-Prés, elle se donne des allures de gros bourg. Il reste attaché aux cantons et aux départements dont il a refusé de signer l'arrêt de mort lors de la régionalisation. Comme il s'est refusé à permettre aux agglomérations urbaines d'acquérir l'espace qui fait défaut à une saine gestion de leur développement en regroupant les métropoles et leurs banlieues. L'encre de la « lettre aux Français » était à peine sèche que le président de la République renvoyait le projet de réforme du mode de scrutin cantonal élaboré par son ministre de l'Intérieur dans l'espoir de mettre enfin un terme au déséquilibre persistant entre la ville et la campagne qui fait que la France, des municipalités au Parlement en passant par les conseils généraux, ne cesse de privilégier le sol, donc les campagnes, au détriment de la population, donc des villes.

L'autre audace, présentée à la gauche comme une victoire, n'est que le fruit de l'immobilisme dont Mitterrand se fait chaque jour davantage une règle. Le nouveau septennat verra s'interrompre les privatisations engagées durant la restauration chiraquienne. Ah bon, parce qu'il était envisageable qu'elles continuent ? Ne devait-on pas, à ce propos, renationaliser TF1 ? N'y pensons plus. Qui oserait occasionner la moindre contrariété à notre principal couleur de béton en un temps où les dignitaires radicaux de la République festoient avec lui sur le pont, à la légalité douteuse, de l'île de Ré? Un pont que célèbre Michel Crépeau, maire de La Rochelle, mais que condamnait Michel Crépeau du temps où il était ministre de l'Environnement.

Ne pas oser défaire ce que la droite a décidé en annulant, elle, les options de ses prédécesseurs immédiats voire plus lointains, puisque certaines dénationalisations revenaient sur des décisions prises du temps du général de Gaulle, voilà qui devient une avancée. Pauvre gauche. Elle se débat encore avec le reliquat du libéralisme reaganien façon Balladur alors que déjà la Banque mondiale, qui ne passe pas pour se situer à la pointe du dirigisme, admet que la privatisation n'est pas la panacée et amorce une réhabilitation du rôle des États. Seulement, pour avoir une position à peu près ferme sur les nationalisations, encore faudrait-il savoir selon quels critères et dans quel but elles avaient été décidées en 1982. Il y a un demi-siècle, la gauche pure et dure s'opposait aux nationalisations présentées comme une dérive droitière vers des formes de cogestion de la société avec les capitalistes. Au cours des années 70, elles continuèrent d'alimenter un débat pseudo-idéologique interne à la gauche. Leur présence dans le programme du PS comme du PCF était devenue le symbole de la pureté de ces formations. La surenchère s'effectuait caricaturalement sur le nombre des filiales concernées. Dépouillant avidement les revues spécialisées, de fragiles experts permettaient à Jean-Pierre Chevènement de se situer « plus à gauche » que Mitterrand car il revendiquait l'appropriation de quelques micro-entreprises supplémentaires, mais de rester en deçà des listes élaborées par Philippe Herzog pour le compte de la direction du parti communiste.

Triste jeu qui interdit à présent aux socialistes d'avancer une démonstration de fond pour justifier leurs décisions d'il y a six ans. Ils se bornent à quelques arguments d'opportunité et à la manipulation de résultats financiers aussi globaux qu'aléatoires. Entre droite et gauche, de privatisations en nationalisations, les entreprises et les banques demeurent l'enjeu d'une confrontation théologique avortée. Quelques grands commis jouent au Meccano et s'échangent les fauteuils présidentiels, et les confortables avantages matériels afférents, en fonction d'équilibres politiques partisans sans rapport avec la vie industrielle. Or, à l'heure du marché unique européen, le rôle d'un État dans la préservation ou le développement de secteurs économiques jugés vitaux pourrait rassembler la nation. Puisque le traité de Rome l'autorise, pourquoi ne pas permettre au pays de réaliser un effort particulier, grâce à la mobilisation directe de la puissance publique, que ce soit pour reconvertir sa sidérurgie ou pour se doter d'une industrie informatique ou spatiale? Une fois l'objectif atteint, c'est-à-dire la souveraineté nationale mieux assurée et les intérêts de la collectivité préservés, rien n'interdit de remettre le secteur, un temps nationalisé, au marché, donc au privé. Dès lors, les nationalisations prennent leur sens. Elles s'inscrivent dans la gestion à long terme de la société et deviennent un élément régulateur du marché et non sa négation. D'autant que, sans cet outil, la logique européenne finira par interdire toute possibilité réelle d'aménagement du territoire et de gestion de l'emploi à des États impuissants face aux légitimes logiques de profit des groupes transnationaux. J'ai les dogmes en horreur. Puisque la gauche, au vu du fiasco des économies communistes, a heureusement renoncé à tourner le dos au marché et, en conséquence, ne prétend plus à « l'appropriation collective des moyens de production et d'échange », ne pourrait-elle proposer ce compromis? Voilà un consensus qui, s'il se dégageait au terme d'un authentique débat national, renforcerait le pays et stabiliserait la vie de ses grandes entreprises. Encore faudrait-il l'engager.

Chère Isabelle Thomas, permettez-moi, parvenu au terme de ma démonstration, de me tourner plus précisément vers vous. N'avez-vous pas été la Jeanne d'Arc des potes durant l'hiver 1986? Vous devriez être le recours. Or, vous voici entrée dans la carrière politicienne. Jolie fleur carnivore égarée au milieu des plantes parasites, je ne veux pas croire que vous symbolisiez les baskets. En dépit de votre ambition affichée et de vos premiers tics de professionnelle des tréteaux, une certaine retenue réapparaît parfois, comme une timidité dirait-on. Votre fragilité perce encore. Elle réside dans la conviction qui vous a habitée, au moins jusqu'au second tour des élections législatives, que ce qui vous arrivait vous était dû. Vous bénéficiez, je vous l'accorde, de solides circonstances atténuantes. Charmeur intéressé, le chef de l'État ne vous le

susurrait-il pas à l'oreille? Et vous l'avez
cru? Seriez-vous encore naïve ou déjà aveu-
glée au point d'avoir pensé qu'il s'intéres-
sait à votre destin? N'avez-vous pas compris
qu'il ne se préoccupait que de vous engran-
ger au nombre de ses bénéfices? Le moment
n'est-il pas venu d'arrêter la course folle
dans laquelle vous êtes engagée depuis
quelques années? Regardez qui vous voici
devenue. Vous avez même réussi l'exploit,
vous, l'incarnation de la «génération
morale», de vous faire condamner pour
«injures publiques» dès votre première
campagne électorale! A ce rythme, vous ne
finirez pas en Simone Veil mais en Marthe
Richard.

Je voudrais, pour conclure, vous conter
une fable qui a le mérite d'être authentique. Elle vous aidera, j'espère, à mieux
prendre conscience des logiques du milieu
dans lequel vous tentez de vous imposer
avec une telle constance. Contrairement à
ce que vous pensez sans doute, vous n'avez
pas su utiliser François Mitterrand. Avec
un peu plus de doigté, vous pouviez obtenir
bien mieux qu'une circonscription de la
périphérie parisienne réputée prenable. Ce
qui, avouons-le, est déjà un beau cadeau.
Il vous a valu d'innombrables jalousies et
autant d'ennemis pour la suite d'une carrière qui tarde à embrayer. Mitterrand en

effet a, de longue date, habitué le cénacle de ses « amis » à d'imprévisibles incursions féminines. Dès l'époque de la Fédération de la gauche démocrate et socialiste (FGDS) qui, dans la seconde moitié des années 60, regroupait – excusez-moi de vous le rappeler mais la politique était en cette lointaine époque le dernier de vos soucis – le parti socialiste SFIO, le parti radical et les très mitterrandiens clubs de la Convention des institutions républicaines. Les notables d'alors se souviennent encore du jour où « le Président » (puisque tel était déjà le titre qui lui était servi) vint tardivement les rejoindre pour une réunion de bureau qu'il était censé diriger.

Ce n'est pas que ce retard fût mémorable. Il est depuis toujours de règle dans le comportement de Mitterrand. Seul le vindicatif ex-ambassadeur des États-Unis à Paris, Evan Galbraith, aujourd'hui reconverti dans la promotion du cognac outre-Atlantique, a pu tenter d'en tirer argument contre le chef de l'État à la veille du dernier scrutin présidentiel. Non, ce qui a marqué la mémoire de ce groupe de mâles, c'est une transgression soudaine symbolisée par la belle et charpentée créature qui accompagnait leur chef de file. Ils n'ont oublié ni l'opulente chevelure auburn, ni la poitrine généreusement offerte. La jeune femme, silencieuse, s'assied dans un coin, en retrait. Impassible, comme à l'accoutumée, François Mitterrand s'installe, prend en main la présidence de séance, s'informe discrètement du point des discussions. Nul n'ose évoquer l'intruse. De furtifs regards, étonnés ou égrillards, s'égarent parfois sur elle. Enfin « le Président » s'explique. La direction de la FGDS lui paraît trop masculine. De fait, elle ne peut l'être moins. Justement, une de ses amies, à qui il a demandé de bien vouloir l'accompagner, est disponible.

Nul autre, dans la pièce, ne la connaît. Personne ne bronche pourtant. Elle est cooptée à l'unanimité à la tête de ce que l'on nommait alors « la gauche non communiste ». Ainsi a débuté la carrière politique d'Édith Cresson. Plus de vingt ans après rien n'a changé. Autour de François Mitterrand, les seconds rôles sont toujours aussi muets. Lionel Jospin a pu claironner, après avoir écarté Fabius du poste de premier secrétaire du PS, qu'à présent le « cordon ombilical » était coupé entre le chef de l'État et sa formation politique d'origine, cela n'a pas empêché, quelques jours plus tard, les dirigeants du PS de se retrouver, au garde-à-vous, dans le bureau présidentiel pour assister à la correction par l'auguste main des listes de candidats qu'ils avaient préparées.

Ne regrettez pas, chère Isabelle Thomas, le mirage de votre secrétariat d'État à la Jeunesse. Julien Dray ne vous l'aurait jamais pardonné. Je ne suis pas sûr que, quelques mois après, vos autres potes auraient été plus compréhensifs. Pas plus que les ministres passés ou présents vous n'auriez gouverné. Brassant d'autant plus de schémas généraux que vous redoutez des épreuves de forces ponctuelles, vous auriez surfé aussi adroitement que possible sur les lames de fond de la vie administrative. Pensez que les excellences de la République ont besoin d'escortes pour se convaincre de la réalité de leur pouvoir. Au quotidien, si elles demeurent conscientes, elles savent ne tenir que le rôle d'autruches. Elles n'osent même pas faire effectuer par les chauffeurs ou les secrétaires de leurs cabinets le nombre minimum d'heures qu'ils doivent à l'État. Car, pour ces salariés plus que protégés, les trente-cinq heures ne sont plus un objectif à atteindre, ils l'ont déjà dépassé.

Ne regrettez rien, car ce qui vous est proposé ne s'appelle pas l'Histoire mais une carrière. Vous n'auriez pas été porteuse d'une ambition mais supplétive d'une gestion. La politique relève d'une autre dimension.

Comme vous paraissiez désemparée, désespérée même, au soir des élections législatives, jeune Isabelle Thomas. Votre moue adjanesque se tordait en un sanglot réprimé face à l'ironie bovine d'Éric Raoult, votre crypto-Front national vainqueur. Il vous parlait en condisciple. Sans respect. Vous étiez loin de ces tendres et complices attentions dont le chef de l'État sait si bien, parfois, vous faire hommage. Comme à tant d'autres. Vous auriez tort de penser qu'une telle prévenance est naturelle, qu'elle vous est due. N'avez-vous pas compris que seule votre jeunesse est en cause, que son feu réchauffe de manière inespérée le vieillard solitaire encaserné à l'Élysée? Ne vous plaignez pas. Vous n'êtes victime que de vous-même. Quand les petits chaperons rouges, et même les roses, vont goûter chez pépé, ils se font toujours croquer en cours de route par le grand méchant loup.

Paris, Michery, juillet-août 1988

Collection « Lettre ouverte »

CET OUVRAGE A ÉTÉ COMPOSÉ
ET ACHEVÉ D'IMPRIMER SUR ROTO-PAGE
PAR L'IMPRIMERIE FLOCH À MAYENNE
POUR LES ÉDITIONS ALBIN MICHEL
EN DÉCEMBRE 1988

AM

N° d'édition : 10516. N° d'impression : 27436.
Dépôt légal : décembre 1988.

Imprimé en France